욱하지 않고 아들 영어자립

• 아들 영어자립 핵심길잡이 로드맵 •

펼쳐보세요

욱하지 않고
아들영어
자립

일러두기

- 길잡이 책은 다음 단계로 읽기 수준을 자연스럽게 올려줄 알짜 추천도서를 의미합니다. 이 책에 수록한 추천도서는 모두 길잡이 책입니다.

- 핵심길잡이 책은 길잡이 책 중에서도 가장 재미있는 책으로, 그 단계에서 먼저 읽어보면 좋은 책입니다.

- 챕터별로 추천한 길잡이 책들은 게재된 순서대로 읽는 것이 좋습니다. 아이들이 단계를 조금씩 올리며 쉽게 따라오도록 하기 위함입니다.

- 시리즈 책 AR 레벨과 각각의 책 AR 레벨에는 약간의 차이가 있습니다. 시리즈물이라서 범위에서 벗어날 수 있기 때문입니다.

- 책을 구매할 때에는 책 제목과 작가명만 확인하세요. 출판사가 다양해 혼란을 야기할 수 있으므로 출판사명은 생략했습니다.

파닉스부터 시작해서 해리포터까지 술술

욱하지 않고
아들영어 자립

정인아 지음

매일경제신문사

Prologue

우리 아들 첫 영어, 어떻게 시작해야 할까?

영어 교육 강연을 하면서 가장 많이 받는 질문 중 하나가 "방방 뛰는 우리 아들, 영어책 좀 진득하게 앉아서 읽게 할 수 없을까요?"입니다. 여섯 살 아들이 있는 저도 그 심정을 충분히 이해합니다. 그런데 이런 생각이 들었습니다. 방방 뛰지 못하게만 할 것이 아니라 넘치는 힘을 책 읽는 에너지로 바꿀 수는 없을까? 아들을 키우는 엄마들은 하루하루가 인내력 싸움이라고 합니다. 동의합니다.

영어 도서관을 운영하면서 발견한 점이 있습니다. 소극적인 남자아이보다는 오히려 힘이 넘치는 아이들이 한번 마음잡고 읽기 시작하면 평소 손도 대지 않던 영어책을 몇 권씩 읽는다는 것입니다. 장난기가 집중력으로 변한 것이죠. 그러니 아들이 종일 뛰어

다닌다고 걱정하지 마세요. 넘치는 에너지를 영어책 읽기에 사용할 수 있도록 '접점'을 찾아주면 됩니다.

접점은 바로 아이가 스스로 '재미'를 느끼도록 하는 것입니다. 재미있는 것은 귀신같이 알아내고, 뜯어말려도 달려드는 것이 남자아이들이니까요.

《10살 영어자립! 그 비밀의 30분》이 모든 아이들에게 적용할 수 있는 방법이라면, 이 책은 조금은 부잡스럽고 영어에 관심 없는 남자아이들이 영어에 재미를 느끼고 스스로 즐길 수 있는 구체적인 방법을 담았습니다.

쌍둥이도 성향이 다르고 아이가 백이면 백 명의 아이가 모두 제각각입니다. 남자아이는 이렇다 규정하는 것 자체가 위험하다는 생각도 듭니다. 육아라는 것 자체가 남자아이를 키우나 여자아이를 키우나 나름의 어려움이 있기 마련입니다. 그러나 남자아이와 여자아이들의 보편적인 차이점도 상당 부분 존재함을 부모들은 피부로 느끼죠.

《욱하지 않고 아들 영어자립》은 우리가 흔히 느끼는 남자아이들의 보편적인 성향을 바탕으로 합니다.

이 책, 무엇이 다른가?

구체적이고 쉬워 그대로 따라만 하면 된다

'구슬이 서 말이라도 꿰어야 보배'라는 말이 있습니다. 책 정보가 많아도 처음 어떤 책으로 어떻게 시작해야 할지, 어떤 순서로 읽어야 할지 모르면 막막하기는 마찬가지죠. 이 책은 단계별 난이도에 따른 구체적인 로드맵을 제공합니다. 《10살 영어자립! 그 비밀의 30분》에서는 성향에 따라 다양한 책을 선택해볼 수 있도록 길잡이 책을 수록했습니다.

이 책에서는 남자아이들이 특히 좋아하는 '핵심길잡이 책'을 쏙쏙 뽑아 난이도를 높여가며 제시합니다. 순서대로 따라만 읽으면 됩니다. 로드맵과 더불어 과정별로 실행해야 하는 실천 방법과 목표를 알기 쉽게 설명했습니다. 따라서 영어 울렁증 있는 부모도, 시간이 없는 양육자도 누구나 할 수 있습니다.

모든 길잡이 책의 난이도를 한눈에 알 수 있도록 표기했다.

아이 영어책을 처음 접하는 부모들은 책 수준부터 궁금합니다. 여기서는 책 수준에 따라 AR 레벨_{미국 학생 기준 리딩 레벨}을 표기하고 그림과 문장 비율 그리고 페이지 수 및 챕터 수에 관한 정보를 수록했습니다. 따라서 초보 부모들도 처음 보는 책의 난이도를 바로 알 수 있습니다. 또한 추천 시리즈의 내용, 특징, 활용 방법도 담았습니다.

파닉스부터 《해리포터》까지, 효과적인 학습법을 소개한다.

부모들의 영원한 고민인 파닉스를 효과적으로 학습하는 방법부터, 책을 읽고 리딩 퀴즈를 풀어볼 수 있는 무료 사이트, 남자아이들이 좋아하는 영어 동영상 등 우리나라에서만 공부해서 《해리포터》를 넘어 그 이상의 책을 술술 읽을 수 있게 되기까지의 과정이 담겨있습니다. 미국 성인의 평균 읽기 수준이 중학교 2학년이라고 합니다. 우리나라에서도 책만 꾸준히 읽으면 미국 성인보다 훨씬 수준 높은 영어를 구사할 수 있는 것이죠.

엄마들의 영어 교육 고민을 검증된 방법으로 해결한다.

영어 도서관을 운영하면서 수많은 남자아이들에게 직접 책을 추천해주고 스스로 읽도록 지도했습니다. 이러한 과정을 통해 영어책을 거부하던 남자아이가 쏙 빠져서 읽은 책들, 리더스북 단계에서 지루해 하다가 취향저격 책을 만나 챕터북으로 점프하게 만든 명작들, 그리고 보편적으로 많은 남자아이들이 좋아하는 책들을 실제로 검증해볼 수 있었습니다.

단계별 로드맵은 남자아이들에게 좋은 반응을 얻은 '검증된 책'을 중심으로 구성했습니다. 재미있는 사실은 남자아이들이 좋아한 책들은 여자아이들도 많이 좋아한다는 사실입니다.

이 책에 수록한 추천도서는 우리나라뿐 아니라 원어민 아이들에게 오랜 기간 사랑받은 명작들입니다. 우리 아이들도 영어의 맛을 알면 좋아할 수밖에 없는 책들입니다.

영어를 모국어처럼 사용하려면?

영어가 몸에 배어 아이 스스로 즐겨야 합니다. 그것은 '영어자립'을 의미합니다.

이제 5학년이 된 첫 아이는 책을 통해 영어자립을 이루었고, 현재 영어 도서관을 운영하며 책 읽기로 영어자립을 이루는 아이들을 보고 있습니다.

이러한 경험을 통해 깨달은 것. 아이가 스스로 영어를 즐기고 몸에 배게 하는 유일하고 가장 빠른 방법은 바로 '꾸준한 책 읽기'라는 것입니다. 남자아이는 자리에 앉아 책 읽기가 여자아이보다 조금 더 어려운 것이 사실입니다. 하지만 남자아이의 성향을 파악하고 소통하면서 아이가 좋아하는 책을 중심으로 접근하면 거부감 없이 영어와 친해질 수 있습니다.

아들 영어로 고민하는 부모와 아이들에게 실질적인 도움이 되고자 하는 마음으로 글을 시작하게 되었습니다. 도움이 되기를 바랍니다. 부잡스런 남자아이 걱정 마세요. 아들이 영어책의 재미를 맛보는 순간, 누구보다도 행복하게 영어를 즐기게 될 것입니다.

아들 엄마 오늘도 화이팅!

정인아

contents

Prologue   5

PART I. 큰소리치지 않고 아들에게 영어 소개하기

시작 전 버려야 할 생각 5가지   16

아들 영어, 소통이 먼저다   24
- 남자아이는 교감이 중요하다   24
- 소통이 돼야 영어책도 읽는다   26
- 아들 스스로 책을 찾게 만드는 비법   27
- 도서관이 놀이터가 되는 비법   28

우리 아들 첫 영어 어떻게 시작하나   30
- 한글과 영어를 동시에, 중심은 우리말이다   30
- 외국인은 왜 '삼시에 만나요'라고 실수할까?   32
- 단어는 시각적으로 알려줘라   33
- 일일이 해석해달라는 아이, 영어로 읽게 하는 비법   34
- 해석시키지 마라   35
- 영어, 들으면 다 된다?   37
- 영어책 필사, 무조건 좋을까?   39
- 동영상만 보는 아들, 영어책도 읽게 하는 비법   40
- 영어책 싫어하는 아들 즐겁게 하는 비법 4가지   41
- 고학년, 첫 영어 재미있게 시작하는 비법   49
- 영어를 거부하는 고학년, 계기를 만들어주자!   51

PART II. 우리 아들 영어자립! 실천 로드맵

STEP 1 재미있으면 말려도 한다!
거부감 없이 영어와 친구 되기 … 56
- 만져보게, 느껴보게, 놀아보게! … 56
- 책이 살아 움직인다, 입체북 베스트 5 … 57
- 책과 손잡고 교감한다, 플랩북 베스트 5 … 58
- 만져보고 영어를 몸으로 흡수한다, 촉감북 베스트 5 … 60

STEP 2 엄마 손으로 기초 파닉스 완성하기 … 62
- 파닉스, 완성은 없다 … 62
- 기초 파닉스 추천 교재 … 63
- 학원 1년 다녀도 안 되는 파닉스, 한 달 만에 되게 하는 비법 … 64
- 무료 파닉스 학습 동영상 … 68
- 사이트 워드 알아야 할까? … 70
  - 꿀팁 무료 사이트 - 사이트 워드 플래시 카드 만들기 … 72
- 놀이로 사이트 워드를 익힌다 … 74
  - 꿀팁 AR이란? … 76
  - 꿀팁 무료 사이트- 책의 AR 레벨 확인하기 … 78

STEP 3 파닉스 완성을 위한 길잡이 그림책 … 80

STEP 4	**1단계 리더스북으로 혼자 읽기 완성**	86
	자신감도 습관이다	86
STEP 5	**리딩 퀴즈, 시작은 2단계 리더스북으로!**	94
	리딩 퀴즈로 정독 습관들이기	94
	꿀팁 무료 리딩 퀴즈 사이트	97
STEP 6	**3단계 리더스북으로 영어자립 초석 다지기**	103
STEP 7	챕터북을 만만하게! **쉽게 읽을 수 있는 초기 챕터북**	120
STEP 8	**우리 아들이 좋아할 수밖에 없는 챕터북**	136
STEP 9	**우리 아들, 영어자립 완성!**	162
STEP 10	해리포터를 넘어 영문학 세계로 **빠지게 만드는 클래식 명작**	176
★	아들 영어자립 핵심길잡이 로드맵	180

PART Ⅲ. 아들 취향저격 동영상 즐기기 A부터 Z까지

하루 30분, 무료 영어 방송 보여주기   184
  | 무료 영어 방송을 이용해보자   184
  | 아이를 위한 보물창고, 유튜브   184

QR코드로 보는 무료 영어 동영상   186
  | QR코드가 뭔가요?   186
  | 쉬운 QR코드 사용법   186

아들 취향저격 무료 영어 동영상   187
  | 책도 읽고 동영상도 보자! '책+동영상' 리스트   188
  | 동화책을 보여주며 직접 읽어주는 동영상 리스트   195

소설로 읽고 영화로도 즐길 수 있는 '소설+영화' 리스트   199

무료 글로벌 기사 사이트   202

영어책 전문 온라인 서점   202

영어 중고책 판매점   203

Epilogue   204

ENGLISH

• PART 1 •

큰소리치지 않고 아들에게 영어 소개하기

시작 전 버려야 할
생각 5가지

아들 영어를 시작하기 전에 싹 버려야 할 생각 5가지가 있다. 먼저 고정관념을 버리고 시작해보자!

첫째, 엄마가 영어를 못해서 우리 아들이 영어 학습에 손해를 본다.

제일 먼저 지워야 할 생각이다. 아이 영어를 위해 갖춰야 할 엄마의 조건은 '관심'이 전부다. 집에서 영어를 써야 한다는 압박을 느끼는 엄마들을 많이 보았다. 주위에 교포 친구들이 있지만 그들이 아이 영어를 위해 집에서 영어를 쓰는 것은 아니다. 우리말을 전혀 못하지 않는 이상 집에서 영어를 쓰지 않는다.

영어 단어를 몰라서 영어책을 못 읽어 준다? 아이들에게 영어책을 집중적으로 읽어주는 시기의 책들은 단어가 어렵지 않다. 알파벳만 알면 읽어줄 수 있는 그림책 수준이다.

발음이 후지다고? 발음 걱정 안 해도 된다. 몇 달의 읽어주는 시기가 지나면 아이는 원어민 CD와 동영상으로 귀를 채우게 된다. 엄마가 영어책을 읽어줘야 하는 가장 큰 이유는 아이가 영어와 거부감 없이 만나기 위함이지, 단어를 배우기 위함이 아니다. 쉬운 그림책, 한국식 발음으로 마구 읽어주면 된다. 모르는 단어가 나오면 읽어주기 전에 네이버 사전에서 살짝 찾아보고 발음 한 번 들어본 후 읽어주면 된다. 이 시기의 책은 길어야 30페이지, 그림이 대부분인 책이다. 엄마들 다 할 수 있다.

영어 울렁증 있다고 걱정하지 말자. 아이가 '좋아하는 것'이 무엇인지만 알면 된다. 나는 수학을 못한다. 못한다는 것이 문제가 아니고 수학을 싫어하고 '수학 울렁증'이 있다는 것이 문제다. 큰아이가 초등학교 5학년이 되는 이때 다시금 깨달은 것은 수학을 정말 싫어하고 못하지만 그럼에도 아이에게는 엄마가 최고의 선생님이라는 것이다. 엄마만큼 아이 마음을 알고 꼼꼼히 챙겨줄 선생님은 이 세상에 없다.

둘째, 영어 환경을 만들어줘야 한다.

우리나라에서라도 영어 공부를 위한 환경을 만들어줘야 한다는 생각에 비싼 원어민 과외를 하는 사람들이 있다. 물론 금전적으로 여유가 넘쳐서 그 정도 금액은 막 쓰고 싶다면 상관없지만, 투자 대비 효과로 봤을 때는 거의 쓸데없다고 생각한다. 원어민과 24시간 같이 산다면 도움이 될 것이다. 하지만 일주일에 한 번, 한두 시간

원어민과 문법 공부하고 회화한다고 영어 실력 늘지 않는다.

　차라리 그 돈으로 책을 사라고 강력하게 권하고 싶다. 그리고 그 책을 한 페이지라도 좋으니 매일 소리 내 읽도록 하자. 장담컨대 실력이 훨씬 많이 는다. 그것도 제대로!

　영국과 싱가포르에 주재원으로 나가 있는 지인들이 있다. 영국은 엉어가 모국어임에도 학교 숙제가 교과서를 소리 내 읽고 엄마에게 싸인 받아오기라고 한다. 그 이유는 정확한 발음을 익히고 원어민 아이들도 종종 하는 문법 실수를 잡기 위해서란다. 싱가포르 국제학교도 마찬가지다.

　'음독'하는 것은 발음과 문법뿐 아니라, 듣기와 집중력 및 이해력 향상에 큰 도움이 된다. 아이가 음독 연습을 할 때는 틀리게 읽는 단어는 교정해주는 것이 좋다. 한두 페이지만 조금씩 매일 읽음으로써 습관으로 자리 잡도록 한다. 중요한 것은 꾸준함이다. 1년 이상 꾸준히 해보자.

셋째, 책만 읽으면 말하기는 안 된다.

　영어로 말Speaking을 안 해서 영어를 못하는 것이 아니라 아는 단어가 없어서 말을 못하는 것이다.

　대학 시절 미국에서 잠깐 수업을 들은 적이 있다. 우리나라에서 회화 학원을 다니며 나름 공부했으므로 어느 정도 듣고 말하는 것에 자신이 있었다. 미국에서 함께 수업을 듣는 한국인 아저씨가 있었는데 수업시간에 말을 한마디도 하지 않아서 영어를 못한다는 막연한 생각을 했다. 어느 날 미국인 선생님이 우리 반 학생들을 데리고 역사 유적지를 방문했다. 선생님이 영어로 유적지에 대해 설명하는데 정말이지 '한마디'도 못 알아들었다. 아는 단어가 없으니 들리지 않는 것이었다. 그야말로 '외계인 말 같다' 생각하며 멍하니 있는데…. 그때 수업 중 영어 한마디 안 하던 아저씨가 뒤에서 뭘 하고 있었는지 상상이 가는가? 바로 '동시통역'을 하고 있었다.

아저씨의 영어 실력에 너무 놀라서 영어 공부 비결을 물었다. "원서만 봤다"라고 답했다. 문과도 아니고 공대 박사과정을 공부하는 아저씨였는데 학원은커녕 한국에서 책으로만 영어 공부를 했다는 것이다. '이것이 실력이구나!' 깨달은 계기가 됐다.

말하기보다 읽기가 먼저다. 읽기가 되면 어휘력이 쌓이고 아는 만큼 들리고 들리는 만큼 말할 수 있게 된다.

책만 읽으면 발음은? 미국에서 공부할 때 같은 반에 중국인 대학원생이 있었다. 영어 네이티브가 아닌 나는 중국어 억양이 있는 대학원생의 말을 들으며 영어에 익숙하지 않다고 판단했다. 그런데 미국인 선생님이 그 학생에게 "미국에서 산 적이 있나요?"라고 묻는 것이었다. 학생은 "미국 온 지 이틀 됐어요"라고 답했다. 선생님은 "Incredible!믿기지 않는다"라며 원어민 같다고 했다. 20여 년 전 중국은 우리나라보다 학원이 더 없던 시절이다. 그 학생은 중국에서 소설을 포함해서 책만 읽었다고 했던 기억이 난다.

발음, 중요하지 않다. 자기 생각을 100% 말할 수 있고 남의 말을 100% 영어로 알아듣는 것이 '네이티브 스피커'다. 책만 즐기면서 꾸준히 많이 읽는다면 듣기, 말하기는 저절로 따라온다. 게다가 요즘 우리 아이들은 인터넷, 케이블 TV 영어방송, DVD 및 영어책 CD로 발음마저 원어민 수준으로 습득할 수 있다.

넷째, 학원을 다니면 영어 실력이 무조건 늘 것이다.

영어 도서관을 운영하면서 '유명 학원'이라는 곳에 다니는 아이들의 읽기Reading 실력을 꽤 보았다. 놀라웠던 것은 같은 학원을 다녀도 읽기 레벨(수준)의 차이가 많이 난다는 것이다. 처음 학원에 들어갔을 때는 비슷했을 것이다. 그런데 학원을 가서 학원만 다니는 아이와 학원을 다니면서도 스스로 책을 읽은 아이 사이에 큰 차이가 생긴 것이다. 본인도 모르는 사이에 조금씩 벌어진 거다.

우리나라 영어 학원이 나쁘다고 생각하지 않는다. 아이들이 거부하지 않고 성향에 맞는다면 꾸준한 노출은 도움이 된다. 단, 하루 10분이라도 아이들이 학원 수업을 떠나 '책'을 손에 잡아야 한다. 스스로 공부라는 인식 없이 영어책을 즐기며 읽어야 한다. 그렇지 않으면 장기적으로 영어를 즐기기가 어렵다.

초등학교 2학년인 남자아이가 있었다. 도서관에 오면 보통 80분 정도 책을 읽는데, 영어책 읽는 재미에 빠져서 정해진 시간 외에도 책을 더 읽겠다던 아이였다. 그런데 이 아이가 소위 '빡세다'는 영어 학원에 다니게 됐다. 한동안 도서관에서 책 읽는 것도 쉬었다. 몇 달 뒤 다시 도서관에 오게 됐는데 아이가 변해있었다. 책을 더 읽는다고 하기는커녕 정해진 시간 안에서도 책 읽기를 거부했다. 영어 학원 숙제에 질려서 영어책을 보기도 싫어진 것이다.

아이들의 상태를 살피며 질리지 않게 가이드해야 한다. 기준은 책 읽기를 싫어하게 만들어서는 안 된다는 것이다. 우리 아이들은 아직 어리다. 절대로 벌써 지치게 해서는 안 된다.

다섯째, 수능이 끝나면 영어도 끝난다.

이과가 아닌 이상, 솔직히 수학은 대학 들어가면 쓸 일이 없다. 물론 산수는 평생 써야 한다. 하지만 영어는 수학처럼 수능이 끝난다고 끝이 아니다. 내가 제일기획에서 일했던 10여 년 전에도 기업 광고를 영어로 만들어서 글로벌 광고로 방영하고, 역으로 자막을 우리말로 넣어서 우리나라에 방영했다. 광고주는 외국인 회사가 아니고 한국 회사였다. 우리나라 회사임에도 소비자의 90% 이상이 외국인이었다.

G 기업에서 마케팅 일을 하고 있는 후배는 한국 회사지만 일주일에 한 번씩 외국 이사진과 회의를 해야 한다고 한다. 우리나라 기업들은 수출 비중이 크므로 필수적으로 외국인과 일을 할 수밖에 없다. 후배는 자기 업무를 꿰뚫고 있지만 짧은 영어로 설명할 때마다 너무 괴롭다고 한다. 준비한 질문에는 답을 할 수 있지만 말이라는 게 그때그때 예상치 않은 이야기가 나오기 마련이다.

문과를 졸업하고 마케팅 분야에서 일을 하기 때문에 영어가 필요할까? 이과를 전공해서 연구원으로 재직하고 있는 친구도 정기적으로 본인이 연구한 부분을 영어로 설명해야 한다고 이야기한다. 외워서 발표하는 것은 그나마 괜찮은데 무슨 질문이 나올지 모른다는 스트레스가 크다는 것이다.

어떤 분야에서 일을 하던 영어가 필요한 시대다. 우리 아이들 세대의 영어는 제2모국어로 평생 써야 할 언어다. '지구어'인 것이다. 영어를 쓰지 않는 직업군에서도 영어라는 '무기'가 있으면 많은 기회를 잡을 수 있는 것은 당연하다. 세계 어디로 여행을 가더라도 필요한 언어다. 물론, 직업을 떠나서 내가 아이들의 영어를 중요하게 생각하는 이유는 영화, 책, 음악, 인터넷 정보 등 영어로 된 다양한 문화를 즐기게 하기 위함이다. 자막 없이 영화를 보고 영문학을 번역 없이 직접 즐기는 기쁨을 누렸으면 하는 바람이다.

외국계 회사에서 16년간 일하면서 영어에 대한 벽을 많이 느꼈다. 미국에서 대학원을 나왔지만 그 벽은 사라지지 않았다. 이유를 분석해보니 어렸을 때부터 영어책을 읽지 않은 것이었다. 중학교 때부터 공부로 시작해 단어만 외우고 교과서만 학습했으니 즐겁지도 않고 어휘력도 약한 게 문제였다.

우리나라 성인들이 왜 영어를 유창하게 못할까? 회화 학원을 안 다녀서? 아니다.

책을 충분히 읽지 않았기 때문이다. 지금까지 몇 권의 영어책을 읽었는지 생각해보면 된다.

우리나라에서만 공부해도 충분히 원어민보다 수준 높은 영어를 구사할 수 있다. 부모들도 지금부터 아이와 함께 영어책 읽기를 시작해보는 건 어떨까? 한 권 한 권 끝낼 때마다 어떤 영어 학원에서 공부한 것보다 실력이 느는 것을 몸으로 체험할 수 있을 것이다.

아들 영어,
소통이 먼저다

남자아이는 교감이 중요하다

　남자아이는 여자아이와 다르다고들 한다. 하지만 아들, 딸이 다른 것이 아니고 모든 사람이 다르고 아이들 각자 개성이 존재한다. 남자아이의 엄마 중에는 아이가 정적이라고 고민하는 엄마들도 많다. 모든 아이들 성향이 다르지만, 남자아이와 여자아이의 보편적인 차이점이 존재하는 것도 사실이다.

　실제로 아들을 키우고 아들에 대한 연구 서적을 보면서 또한 영어 도서관을 운영하면서 발견한 중요한 사실이 있다. 남자아이들의 마음을 움직이기 위해 가장 먼저 전제되어야 하는 것은 아이와 '공감'하고 '소통'해야 한다는 것이다.

　나에게도 여섯 살 난 아들이 있다. 일을 하다 보니 엄마와 함께하는 시간이 적다는 문제도 있고, 피곤하다는 핑계로 아이에게 늘 따뜻하게 대해주지는 못했다. 언제부턴가 엄마가 무엇을 같이 하자고 하면 밀쳐내기 일쑤였고, 갓난아기 때는 그래도 잠은 함께 잤는데 이제는 함께 자는 것조차 반가워하지 않았다. 책을 함께 보는 것은커녕 엄마 말에 귀 기울이지 않았다.

바꿔야 했다. 영어를 떠나 아들과 관계가 끈끈해지고 싶었다. 먼저 아이가 엄마와 친해지고, 무언가를 함께 하고 싶도록 관계를 개선하는 것이 필요했다. 함께 하는 시간을 당장 늘리는 것은 현실적으로 어려웠다.

그래서 내가 시도한 방법. 아이와 온전히 아이가 좋아하는 것을 하루 10분이라도 함께 하는 것이었다. 중요한 것은 엄마가 좋아하는 것 말고 아이가 좋아하는 것을 함께 해야 한다. 퇴근하고 집에 오면 밤 10시가 넘을 때도 있었지만 당분간 아이가 일찍 자는 것을 포기하고 늦게라도 아이와 시간을 함께 보내기로 했다.

아이에게 물어봤다. "우리 성원이는 뭐가 제일 좋아?" "야구."

그래서 집에 늦게 와도 10분씩 야구를 했다. 물렁한 고무공과 조그만 나무 막대기로 매트 위에서 나는 공을 던지고 아들은 배트를 들어 공을 쳤다. 시작하자마자 바로 다음 날부터 아들이 먼저 나에게 와서 야구를 하자고 제안했다. 우리 관계는 매우 빠르게 좋아졌다. 엄마와 아들의 관계이기에 일주일 시간도 충분하게 느껴진다. 7일만 꾸준히 아이와 온전히 시간을 가져보자. 놀라운 변화를 겪게 될 것이다.

그리고 지금도 매일 하고 있는 방법. 전래동화 들려주기. 아무리 바빠도 잠자리에서 아이에게 들려줄 전래동화를 준비한다. 대부분의 아이들은 옛날이야기를 좋아한다. 집에 있는 책들을 미리 쓱 훑어보고, 불을 끄고 이야기를 들려준다. 지금은 자기 전에 "오늘 얘기는 뭐야?" 하면서 안긴다. 일단 엄마와 친밀해지고 소통이 돼야 무엇을 하던 다음 단계가 수월하게 진행된다.

소통이 돼야 영어책도 읽는다

영어 도서관을 운영하면서 깨달은 노하우는 남자아이들과는 정말 '교감'이 중요하다는 것이다. 도서관에 다닌 지 꽤 됐는데 좀처럼 질문에 대답을 하지 않던 아이가 있었다. 존(영어 닉네임)은 기본적으로 책 읽기를 싫어해서 실랑이 끝에 책을 펴고 선생님들의 가이드를 잘 받아들이지 않았다. 영어책은 레벨에 맞는 책을 읽으면 더 재미있게 읽을 수 있기 때문에 수준에 맞는 책을 읽도록 하는 것은 영어 도서관의 주요 업무다. 아이가 가이드를 잘 따르도록 해야 했다.

고민하다 존의 취미를 알아봤다. 수영장을 자주 간다는 이야기를 듣고 물었다. "수영 어디까지 배웠어? 그 뭐더라, 자유형? 배영? 접영?" 그러자 과묵하던 존은 갑자기 수다쟁이가 되어 수영에 관한 이야기를 내뱉기 시작했다. 두 명의 친구가 같이 수영을 다니고 자기가 제일 진도가 빨라서 평영을 하고 있다는 이야기, 놀이 시간에 친구가 자기 등에 올라타서 간지럽다는 이야기 등….

'이런 거구나.' 남자아이들도 교감이 이뤄지면 이렇게 수다쟁이가 되고 가까워지는구나. 그리고 바로 그날, 존은 나의 조언을 눈을 맞추며 듣기 시작했다. 레벨에 맞는 책 중에서 좋아하는 책을 함께 골라 읽었다.

남자아이일수록 교감이 중요하다. 교감이 이뤄지기 위해선 진심으로 그 아이에게 관심을 가져야 한다. 신기하게 아이들도 진심인지 아닌지 다 안다.

아들 스스로 책을 찾게 만드는 비법

첫째, 아이 주변을 책으로 장식하라. 아이와 부모가 손을 뻗으면 책을 집을 수 있는 위치에 책꽂이를 둔다. 거실 전체를 책꽂이로 도배해보자. 아이 방, 안방에 있는 책은 자고 있는 책이라면 거실에 있는 책은 살아있는 느낌이다. 아이가 어렸을 때 주로 생활하는 곳이 거실이기 때문이다. 아이의 주 생활 공간이 안방이라면 안방을 책으로 장식하면 된다. 아이가 자는 곳 말고 깨어 생활하는 곳에 책을 둬야 한다. 눈에 보여야 한 번이라도 더 책을 손에 쥐게 되고, 손에 잡혀야 10분이라도 더 읽게 된다.

책꽂이로 집을 도배함과 동시에 방바닥에도 책을 놓아두면 더욱 효과적이다. 아이가 좋아할 만한 책을 바꿔가며 바닥에 깔아 놓으니 지나가다 집어 와서 읽어 달라고 하는 경우가 많아졌다. 그만큼 아이가 책을 좋아하게 된 것은 당연하다.

둘째, 어려운 문제일수록 정공법으로 공략한다. 책을 좋아하게 하려면 '아이가 좋아할 수밖에 없는 책'을 많이 읽어주면 된다. 아들이 다섯 살 때 외울 정도로 좋아하며 매일 읽어 달라던 책들이 있었다. 유아기 남자아이들에게 읽어줬을 때 성공률이 높은 장르는 전래동화와 공룡이 소재인 책들이다. 우리 아들도 예외는 아니었다.

무엇보다도 영어책 전에 한글책을 먼저 좋아해야 한다. 한글책을 좋아하는 아이들은 비교적 쉽게 영어책도 좋아하게 되니까 말이다. 책 읽어주기! 시작은 아이가 어리면 어릴수록 좋다. 하지만 아이가 몇 살이든 늦은 것은 없다. 바로 지금, 오늘부터 시작하면 된다.

도서관이 놀이터가 되는 비법

둘째가 남자아이라서 그런지 딸인 첫째 아이와는 좀 다르긴 하다. 첫째 아이는 도서관 가자고 하면 바로 따라나섰는데 둘째는 시큰둥했다. 이때 둘째 아이의 친구 엄마가 제안을 했다. 일주일에 한 번 정기적으로 친구들과 함께 도서관을 가자는 것이었다.

유치원 같은 반 친구들과 함께 간다고 하니 아이가 듣자마자 도서관에 가겠다고 했다. 세 명 모두 에너지가 넘치는 남자아이들인

처음 간 도서관에서 집중해 책을 읽고 있는 여섯 살 아이들

데 도서관에서 조용히 잘 있을까 걱정하며 데리고 갔다. 먼저 보고 싶은 책을 골라오라고 했다. 각자 골라온 책을 함께 읽어주니, 모두 얌전히 앉아서 경청하는 것이 아닌가! 결과는 대성공이었다. 심지어 책에 대해 이야기도 주고받고 좋아하는 그림을 한참이나 들여다보았다.

지금도 엄마들이 순번을 정해 일주일에 한 번, 유치원에 데리러 가서 진행하고 있다. 어릴 때부터 도서관은 '즐거운 곳', '노는 곳'이라는 생각이 자리 잡게 하는 것은 책 읽기 습관을 들이는 좋은 방법 중 하나다. 역시나 아이들에게는 '친구'가 있으면 그곳이 '놀이터'가 된다. 남자아이들은 더욱 그런 거 같다.

우리 아들 첫 영어
어떻게 시작하나

한글과 영어를 동시에, 중심은 우리말이다

세 살 된 아기에게 영어 CD를 틀어주고 졸린 눈을 비비며 영어 동화를 읽어주는 엄마들이 있다. 이런 노력은 어디에 도움이 될까? 엄마 정서에 도움이 된다. 아이 영어 습득에는 별로 크게 도움이 되지 않는다.

물론 나쁘다고 얘기하는 것은 아니다. 영어에 노출시키는 시간이 있다는 것은 당연히 좋다. 하지만 회사를 오래 다녀서 그런지 시간과 노력, 돈을 투자할 때 '가성비'를 먼저 따지게 된다. 영아기에는 아이에게 영어를 노출시키는 것 대신 우리말 동화책을 아이가 손으로 직접 만지게 하며 엄마가 읽어주는 것이 훨씬 효율적이다. 영어는 한글을 떼고 시작해도 충분하다.

여기서 한글을 뗀다는 것은 우리말을 유창하게 하고 쉬운 한글 단어를 더듬더듬 읽는 정도를 말한다. 받침 있는 말까지 거침없이 읽음을 의미하는 것이 아니다. 빠른 아이들은 다섯 살에도 한글을 뗐다고 볼 수 있다.

뇌에 우리말 체계가 잡혀있는 상태에서 외국어를 배우면 받아들이는 속도가 훨씬 빨라진다. 아이에게 'Apple'이라는 단어를 알려주면 아이는 이미 '사과'라는 단어를 알고 있으므로 머릿속에 'Apple'만 저장하면 된다. '사과'가 무엇인지 모르는 아이에게 사과까지 설명하려면 노력이 두 배로 든다.

하지만 요즘에는 어린이집에만 가도 어느 정도 영어에 노출되고 둘째 아이들의 경우 형제를 통해 접하는 경우가 많다. 그래서 한글을 떼기 전에 자연스럽게 영어에 노출되고 영어와 우리말 습득이 함께 진행되기도 한다.

이런 경우 유아기 언어 습득에서 우선순위는 '우리말'이라는 점을 숙지하고 있어야 한다. 영어 노출을 일찍 시작하더라도 그 중심에는 항상 우리말이 있어야 한다. 모국어 실력이 곧 외국어 실력이다. 우리말을 통해 얻은 지식과 사고력이 바탕이 돼야 영어도 구멍 없이 차근차근 성장한다. 영어 동화책을 한 권 읽어줬으면 우리말 동화책은 두 권 읽어줘야 한다. 앞으로 진행되는 모든 과정에서 영어책만큼 또는 그보다 더 많은 우리말 책을 읽도록 해야 한다. 나중에 아이가 영어자립을 이룬 후에도 우리말 책의 중요성은 마찬가지다.

외국인은 왜 '삼시에 만나요'라고 실수할까?

아들에게 영어 동화를 읽어주는 엄마는 늘 궁금하다. "애가 제대로 이해하고 있나?" 그래서 엄마들은 책을 읽어주다 말고 아이에게 단어를 꼬집어 물어본다. "저번에 본 단어인데, Cage새장가 무슨 뜻이지?" 아들은 새장 안 파랑새 다음 모습이 궁금해 안달인데 엄마는 아이의 호기심을 누르며 재미를 끊는다. 엄마가 절대 하지 말아야 하는 행동이다. 중요한 단어라서 의미를 꼭 확인해야 한다면 책을 다 읽고 단어 두세 개 정도만 물어보자.

아이에게 일일이 단어를 가르쳐주지 않으면 어떻게 영어 단어를 배울까? 아이가 책을 처음부터 끝까지 읽을 때마다 사고력이 성장한다. 책 속의 모르는 단어를 유추해가며 내용을 이해하려는 노력이 사고력을 성장시킨다. 'Cat'이란 단어가 나오는 그림책이 있다면 그 부분의 90%가 고양이 그림으로 가득 차 있다. 'Cat'이 '고양이'라고 설명하지 않아도 아이들은 책 속의 고양이 그림과 'Cat'이라는 단어를 맞춰 보며 스스로 그 뜻을 유추한다. 비슷한 수준의 그림책을 읽으면 또 'Cat'이 등장하고 고양이 그림이 나온다. 반복되는 유추 과정을 통해 새로운 어휘를 몸으로 익히게 되는 것이다.

이렇게 완전한 문맥 속에서 단어를 사고하며 익히면 단순히 단어만 암기할 때와는 다르게 오랫동안 단어를 기억하고 응용할 수 있다.

외국인들이 종종 이런 실수를 한다. "우리 삼시에 만나요." 단순히 '3'을 'Three'라고 암기했기 때문이다. 우리가 영어를 사용할 때도 같은 실수를 한다. 책을 통해서 영어를 배우면 이런 실수가 줄게 된다. 알맞은 문장에 정확한 단어를 사용할 수 있게 되는 것이다. 원어민의 경우 책을 읽으면서 10여 회 정도 같은 단어를 만나면 장기 기억으로 남는다고 한다. 영어권에 살지 않는 우리 아이들은 더 자주 단어를 만나야 할 것이다. 즐겁게 꾸준히 책을 읽는 습관만이 가능하게 하는 일이다.

단어를 '안다는 것'은 억지로 쥐어짜 내어 뜻을 기억해야 생각남을 의미하는 것이 아니다. 직감적으로 보자마자 무슨 의미인지 알고 적절한 문장에서 바르게 사용할 수 있는 것을 말한다.

아들이 처음 만나는 영어. 이 시기에 가장 중요한 목적은 영어책 읽기의 재미를 알게 해주는 것이다. 엄마의 궁금증 때문에 아이의 책 읽기 재미를 끊어서는 안 된다.

단어는 시각적으로 알려줘라

책을 읽다가 아이가 먼저 단어를 물어볼 때는 어떻게 해야 할까? 세상에 무조건 안 되는 것은 없다. 이럴 때는 아이가 책에 대한 호기심보다 단어에 대한 궁금증이 앞선 것이므로 단어의 의미를 설명해준다. 단 'Lion'은 '사자'처럼 단편적으로 번역해서 말해주지 말고 시각적으로 인식하도록 해준다. 책 속에서 사자 그림을 찾아 손으로 짚어주며 "이게 Lion이야"라고 말해주는 것이다.

동사도 마찬가지다. 귀찮아도 몸으로 보여주면 기억에 오래 남는다. 예를 들어 'Jump'라는 단어를 이해시킬 때 '높이 뛰다'라고 말로 하는 대신 엄마가 직접 뛰어서 보여주는 방법이 있다. 귀찮다. 하지만 이렇게 몸으로 설명해주며 단어를 알려주는 시기는 그리 길지 않다. 인내를 가지고 한번 해보자. 친모정신을 발휘해서!

일일이 해석해달라는 아이, 영어로 읽게 하는 비법

엄마가 영어책을 읽어주면 일일이 우리말로 무슨 뜻인지 물어보며 번역해서 읽어달라는 아이들이 꽤 많다. 영어가 낯설고 불편하며 두렵기 때문이다. 책을 아예 보지 않는 것보다는 나으므로 엄마는 어쩔 수 없이 한 줄 한 줄 영어로 읽고 우리말로 해석해주기를 반복한다.

이런 과정은 영어책에 대한 거부감을 덜어주므로 처음 영어를 접할 때는 괜찮은 방법이다. 하지만 지속적으로 우리말로 번역해서 읽어주는 것은 아이가 영어책을 읽는 것이 아니고 우리말 책을 읽는 것과 같고 엄마가 읽어주지 않으면 영어책을 아예 읽지 않을 수도 있다. 우리말을 유창하게 하는 아이들의 경우, 영어를 접하고 3개월 정도 지난 후에는 위와 같은 방법으로 책을 읽어주는 것은 지양해야 한다. 영어를 영어로 받아들이게 해야 한다.

　실제로 실행해서 성공한 방법이 있다. 책을 읽어주기 전에 책 표지를 보고 "무슨 내용일까?" 아이에게 질문한 후 책의 전반적인 내용을 함께 얘기하는 것이다. 아이는 책 표지와 제목을 보며 내용을 상상해보고 엄마는 내용을 알고 있는 상태에서 아이의 답을 책 내용에 맞게 유도한다. 그러면 아이는 영어책에 대한 두려움을 덜고 내용을 친숙하게 느끼며 한글 해석을 요구하지 않고 영어로 보게 된다.

　아이가 대답을 하지 않으면 엄마가 전반적인 스토리를 얘기해 준다. 아이가 말하지 않는다고 윽박지르면 영어에 대한 거부감만 더 커질 수도 있음을 유의하자.

해석시키지 마라

　한 학부모가 초등학교 2학년 아이의 영어 학원 숙제를 보여줬다. 숙제를 보자마자 그 학원을 끊으라고 단호히 말했다. 학원 숙제가 영어 문장을 우리말로 해석하는 것이었기 때문이다. 함부로 이웃의 아이가 다니는 학원을 관두라고 한 것이 아니다. 고민할 필요가 없었다.

　통역사, 번역사가 왜 고액을 받고 일을 하겠는가? 매우 어려운 일을 하기 때문이다. 그 아이는 초등학교 1학년 때부터 영어를 배우기 시작했다. 영어를 배운 지 오래되지도 않은 아이에게 번역이라니…. 아이가 얼마나 지쳤겠는가.

　영어가 어려운 이유가 뭘까? 어순이 다르고, 단어가 생소하며 우리말과 전혀 다르기 때문이다. 영어를 잘하기 위한 첫 단계는 영어에 익숙해지는 것이다. 그런데 영어 어순도 낯선 아이에게 우리말로 번역을 시키면 오히려 우리말 어순에만 익숙해진다. 영어를 영어 자체로 받아들여야 한다. 엄마들도 아이들이 책을 읽을 때 문장을 이해했냐며 해석을 시킬 때가 있다. 그런 일은 절대 하지 말라고 하고 싶다. 아이가 영어와 멀어지고 질리게 하는 지름길이 될 수도 있다.

　한번은 큰 아이가 영자 신문을 읽고 있는데 기사 중에 'Irrelevant'라는 단어를 보았다. 아이에게 "Irrelevant가 무슨 뜻이야?"라고 묻자 아이가 "'중요하지 않은'이라는 의미 같은데"라고 하기에 "《해리포터》 읽는 애가 이것도 모르면 어떻게?"라며 버럭 화를 낸 적이 있다. 중학교 때부터 단어만 달달 외우며 영어를 배운 나는 'Irrelevant'는 '상관없는, 무관한'이라는 의미로만 외운 기억이 나서 아이가 잘못 이해했다고 생각한 것이다. 뭔가 꺼림칙해서 아이 몰래 영영사전을 찾아봤다. 세상에 'Irrelevant' 정의 중에 'Not important to~에게 중요하지 않은'라는 의미가 떡하니 있는 것이다. 별것도 아닌 걸로, 알지도 못하면서 아이한테 소리친 것이 얼마나 미안하던지…. 하지만 지금도 큰 아이는 엄마의 실수를 알지 못한다. 굳이 말을 안 했으므로.

아이들에게 꼬치꼬치 해석을 시켜서는 안 된다. 영어를 능동적으로 접해보는 시간이 절대적으로 필요하다. 아이를 믿고 시간을 주자. 풍부한 독서를 통해 다양한 문장을 만나보면 어휘를 스스로 익히게 되고 몸에 배어 그 뜻을 느낌으로 그러나 정확히 이해하게 된다.

영어, 들으면 다 된다?

하루에 3시간씩 영어 CD를 들려주거나 DVD를 보여주며 원어민 아이처럼 '듣기 Listening'부터 영어를 배워야 한다는 교육법이 있다. 들리면 다 된다고 강조한다. 이 방법은 우리 아이들이 영어권에 살지 않는다는 사실을 배제한다.

영어권에 산다면 듣기만 되면 다 된다는 말이 맞다. 학교에서도 영어를 흘려듣는 것이 아니고 원어민 선생님과 서로 대화를 하고 친구들의 말도 주의 깊게 듣게 된다. 이해가 안 돼도 본능적으로 집중할 수밖에 없다. 대답을 해야 하기 때문이다. 듣고 반응을 해야만 하는 상황에 놓여 있는 것이다. 흘려듣는 것과는 집중도와 교감에서 깊이가 다르다. 상호 교감이 되는 상황에서 듣기에 노출된다면, 듣기만 되면 영어가 다 된다는 말이 맞다.

하지만 한국에 있는 우리 아이들이 어휘도 알지 못하는 상황에서 CD로 3시간 동안 영어를 듣는다는 것은, 소통과 교감이 전혀 없이 그저 말 그대로 흘려듣는 것이다. 유치원 아이들의 집중 시간은 길어야 15분 정도다. 그 후 시간에 영어 CD는 언어가 아니라 '잡음'이 되는 것이다. DVD도 마찬가지다. 시간이 지나면 나중에는 그림만 보는 것이지 이해하지도 못하는 소리까지 집중할 수 없다.

우리가 알자지라Al-Jazeera(이슬람 카타르의 위성 민영 방송사) 방송을 하루 3시간씩 1년을 본다고 하자. 그러면 아랍어를 할 수 있게 될까? 극단적인 예지만 이것과 비슷하다. 아는 만큼 들리고 들리는 만큼 말할 수 있다.

엄마가 읽어줄 때도, 단어를 몰라도 아이가 눈으로 책을 봐야 한다. 굳이 CD부터 들려주고 기다렸다가 따로 읽기를 진행할 이유가 없다. 읽어주기Listening와 아이가 눈으로 책 보기Reading를 같이 하면 된다.

책을 통해 어휘를 쌓으면 '감'도 늘어서 모르는 말을 유추해서 이해하는 능력이 향상된다. 책 한 권을 처음부터 끝까지 읽을 때마다 영어에 대한 감이 생긴다. '감'은 익숙함이 몸에 쌓인다는 말과 같다. 그래서 얇은 책이라도 처음부터 끝까지 읽는 것이 중요하다.

영어책 필사, 무조건 좋을까?

영어를 익히기 위해 영어책 베껴 쓰기, 즉 필사를 하기도 한다. 책을 그대로 써보는 것은 장점이 있다. 문형을 제대로 익히게 되고 몰랐던 단어를 반복해 써보면서 외우게 된다. 의지가 있는 성인이 보고 싶은 책을 필사하는 것은 어학 공부에 효과적이다.

하지만 아직 어린 우리 아이들에게 필사를 시키는 데에는 주의가 필요하다. 우선 필사는 지루하기가 쉽다. 아이가 원하지도 않는데 억지로 써보게 하는 것은 영어와 멀어지게 할 뿐이다.

둘째, 영어 글쓰기의 중요한 목적은 스스로 사고하면서 자기 생각을 표현하게 하기 위함이다. 필사를 자주 하면 글을 쓸 때, 자기 생각을 쓰는 어려움을 피하고 쉽게 책을 베끼고 싶어진다. 자칫 습관으로 자리 잡을 수도 있다. 궁극적으로 스스로 생각하면서 글을 써야 한다.

그렇다면 효과적인 필사 방법은 무엇일까?

첫째, 아이가 먼저 쓰고 싶어 할 때 하는 것이다. 아이가 좋아하는 그림책의 페이지를 정한 후, 글을 써보고 그림도 따라 그려보고 색도 칠해본다. 이런 과정은 영어책에 대한 흥미를 돋게 해주고 즐겁게 영어를 몸으로 익히도록 도와준다.

둘째, 책 전체를 필사할 때는 재미있고 쉬운 책을 선택한다. 10페이지 이하, 글이 한 줄 있는 책을 정한다. 처음부터 그냥 따라 쓰지 말고 소리 내서 한번 읽어 보고 내용을 이해한 후 복습하면서 써야 한다. 그러면 문형과 단어에 익숙해지고 반복하면서 외울 수 있다. 이 또한 아이가 좋아하는 책으로 진행해야 하고 자주 하는 것은 좋지 않다. 몇 줄 외우게 하려고 아이가 지치고 영어를 싫어하게 된다면 득보다 실이 많다.

열 살 이하의 아이들에게 가장 중요한 것은 '영어책은 재미있다'는 생각이 들도록 하는 것이다. 아이가 영어책을 좋아하게 되는 것을 방해하는 어떤 것도 해서는 안 된다. 이 점을 마음에 새겨두면 선택에 있어서 고민이 훨씬 줄어든다.

동영상만 보는 아들,
영어책도 읽게 하는 비법

이런 질문을 종종 받는다. 아이가 영어 동영상은 잘 보는데 도무지 책은 안 읽는다는 것이다. 이때 활용하면 효과적인 방법이 있다. 책과 동영상이 모두 있는 서적을 이용하는 것이다. 책을 읽고 영상을 보여주는 것이 아니라, 영상을 먼저 보여줘 익숙하게 한 다음 동일한 주인공 캐릭터가 나오는 책을 가져다주는 방법이다.

남자아이들이 좋아하는 프로그램으로 〈Caillou 까이유〉, 〈Thomas & Friends 토마스와 친구들〉, 〈Arthur Adventure 아서의 모험〉, 〈Berenstain Bears 베렌스타인 곰 가족〉, 〈Horrid Henry 호리드 헨리〉 등이 있다. 유튜브에서 무료로 시청할 수 있다. QR코드는 파트Ⅲ에 수록했다.

동영상을 이용해 아들을 꾀는 방법을 정리해보자.

우선 위의 프로그램 중에서 아이가 좋아할 만한 캐릭터 또는 배경이 나오는 책을 선정한다. 그런 다음 동영상을 먼저 보여준다. 영상을 보여준 후, 책을 집 바닥에 깔아 놓는다. 이때 엄마가 먼저 "여기 만화로 본 책이 있네"라고 말하지 말고 아이가 먼저 책을 발견하도록 유도한다.

오다가다 책을 발견한 아이가 먼저 말한다. "어, 이거 인터넷에서 본 거네?" 이때를 놓치지 않고 말한다. "와, 신기하네! 책도 한번 보자" 하면서 엄마가 읽어 준다. 그리고 나중에 아이가 혼자 읽는다.

책을 거부하는 아이에게 억지로 책만 보여주며, 읽게 하는 것은 쉽지 않은 일이다. 아이가 좋아하는 종류, 즉 영상부터 보여준 후 같은 주인공이 나오는 책을 손으로 잡도록 유도해보자. 책이 낯설어도 그림이 익숙해서 좀 더 수월하게 책에 손을 뻗게 된다.

영어책 싫어하는 아들
즐기게 하는 비법 4가지

첫째, 아들 취향을 저격하라.

영어 도서관을 운영하면서 다양한 성향의 남자아이들을 책과 함께 만났다. 그런 경험을 통해 깨달은 것은 역시 남자아이들은 소통과 이해가 중요하다는 점이다.

  평소에 영어책을 전혀 읽지 않던 제이크(영어 닉네임)는 떠밀려서 영어 도서관에 왔다. 좋아해서 온 것도 아니니 책을 권해도 쉽게 마음을 열지 않았다. 처음 제이크에게 시도한 방법은 아이가 좋아할 만한 종류의 책을 네 권 이상 보여주고 고르게 하는 방식이었다. 그러면 마지못해 한 권을 뽑아 읽곤 했다.

  책을 읽기는 하는데 좀 더 즐겁게 읽었으면 하는 바람이 있었다. 고민하다가 아이의 취향을 적극 파악해봤다. 별로 말이 없는 제이크였지만 자주 얼굴을 보니 조금 친숙해진 상황이었다. 친근한 분위기에서 제이크와 취미 생활 등에 대해 이야기를 나누었다. 야구와 강아지를 좋아한다는 것을 알게 되었고 그날 바로 운동에 관한 책을 읽도록 권했다.

  첫 번째 소개해준 책은 짧은 문장이 한두 줄씩 있는 AR 0.4(미국 유치원 수준)의 야구가 소재인 《The Ball Game》이었다. 짧은 문장으로 이뤄진 책으로 야구 규칙을 그림과 함께 익힐 수 있고 야구 경기에 쓰이는 동사, 명사를 쉽게 배울 수 있다. 무엇보다 쉽기 때문에 파닉스 공부를 하는 아이들이 자신 있게 읽을 수 있을 정도로 만만하다. 아이는 이 책을 소리 내 읽고는 스스로 다른 책을 읽겠다고 했다. 어찌나 기쁘던지!

  두 번째는 축구가 소재인 책을 주었다. 제목은 《Soccer Game》. 여자아이들이 등장하지만 처음부터 끝까지 축구 경기에 대한 이야기이므로 즐겁게 읽어 내려갔다. 두 책 모두 《Hello Reader》 시

《The Ball Game》
- David Packard

《Soccer Game》
- Grace Maccarone

《I Hate My Bow》
- Hans Wilhelm

리즈 중 'My First' 레벨이다.

 그 후로 귀여운 강아지가 주인공인 시리즈를 안겨줬다. 처음 준 것은 AR 0.6(미국 유치원 수준)인 《I Hate My Bow》다. 캐릭터가 귀엽고 유머러스해서 강아지를 좋아하는 아이들이 좋아하는 책이다. 아이는 이후 강아지 'Biscuit'이 주인공인 시리즈, 스포츠가 소재인 여러 그림책을 읽었다. 다 읽은 후에는 조금씩 영어책에 관심이 생긴 후라서 다른 분야의 책도 권해주니 예전처럼 심하게 거부하지 않고 읽었다.

 영어책을 거부한다면 아이가 좋아하는 분야를 먼저 파악하고 그와 관련된 책을 줘보자. 책에 스스로 손을 뻗을 것이다.

둘째, 기초 사이트워드는 재미있게 외우고 시작하는 것도 좋다.

영어에 '사이트워드Sight words'라고 불리는 단어들이 있다. 사이트 워드는 어린이 책에 가장 높은 빈도로 등장하고 파닉스 규칙에 맞지 않는 단어가 많다. 따라서 한눈에 알아보고 뜻을 이해하면 책 읽는 속도가 빨라진다.

아이들에게 단어를 외우게 하는 것은 시양하지만 기초 사이트 워드를 입에 붙게 익히고 시작하면 읽기가 조금 더 수월해진다.

영어 단어는 대략 600만 개 정도다. 하지만 이 중 13개의 단어 'a, and, for, he, is, in, it, of, that, the, to, of, you'의 등장 비율이 25%가 넘는다고 한다(blog.naver.com/dreamwoker, Johns 1980 인용). 그러니 일단 위의 13개 단어는 외우고 시작하자.

손바닥만 한 크기의 종이에 단어를 쓰고 엄마가 읽어주고 아이가 따라 읽도록 해보자. 영어도 자신감이 중요하다. 어떤 책을 읽던 몇 번은 나오는 단어들이므로 책을 읽다가 아이가 위 단어들을 만날 수밖에 없다. 영어를 제대로 못 읽어도 아는 단어가 나오면 아이들이 신이 나서 손으로 짚으며 읽는다. 이 외에도 알아두면 유용한 220개 사이트워드와 활용법을 파트Ⅱ에 정리했다.

셋째, 귀찮아도 읽어줘라! 운율이 있는 책을 중심으로

아들이 다섯 살이든 열 살이든 다 아이다. 아들, 딸 관계없이 본능적으로 엄마 목소리가 친근하다. 책을 좋아하는 아이들은 부모가 많이 읽어준 경우가 많음을 부정할 수 없다. 한글책을 혼자 읽을 수 있어도 간간이 엄마가 읽어주는 것이 즐기는 독서에 많은 도움이 된다. 영어책도 마찬가지다. 처음 영어책을 접하는 아이들에게 책 읽어주기는 필수라 할 수 있다.

한동안 아이에게 읽어준 책으로 《Green Eggs and Ham》이 있다. 미국 아이들도 'Dr. Seuss' 작가의 책으로 영어 공부를 하기 때문에 아들에게 도움이 됐으면 하는 바람으로 읽어줬다.

알파벳을 떼기 전부터, 영어를 아예 모를 때부터 읽어줬다. 처음에는 캐릭터 그림이 웃겨서 듣는 정도였는데, 손으로 단어를 짚어주고 운율이 느껴지도록 큰 소리로 수십 번 읽어주니 지루해하지 않고 곧잘 듣고 보았다.

그러던 어느 날 CD를 빌려왔다. 엄마 목소리로 이미 책이 익숙해진 상태고 그간 알파벳과 파닉스를 조금 익혀온 상황. CD 속 원어민 성우는 정말 나처럼, 그러나 원어민 발음으로 나보다 더 신나게 읽어주었다. 그러더니 CD를 듣고 난 아이가 갑자기 책 한 권을 다 읽었다. 중간에 'Would', 'Could' 등 어려운 단어를 헷갈렸지만 64페이지에 달하는 책을 여섯 살 아이가 거의 틀리지 않고 즐기면서 읽어낸 것이다.

영어책도 부모가 반복해서 재미있게 읽어줘야 한다. 한두 번 읽어주고 중단하지 말자. 귀찮아도 읽어주자. 일단 귀와 눈으로 친근하게 만든 후, 원어민 목소리인 CD를 들려준다. 어느새 그 영어책은 아이의 몸에 고스란히 자리 잡는다. 중요한 것은 거부감이 없이 진행돼야 한다.

아이가 파닉스를 학습하는 중이라면 'Dr. Seuss' 작가의 책들을 추천한다. 미국 아이들이 영어를 배울 때 많이 보는 책이고 미국 교사협회 선정 100대북이기도 하다. 알파벳을 배울 수 있는 책부터 미국 초등학교 저학년 수준의 문장과 단어들이 신나게 반복되는 책도 많다.

독특한 등장인물과 말장난, 노래 같은 운율이 특징으로 영어의 말맛을 느낄 수 있다. 운율이 재미있어서 아들이 CD를 듣고 춤을 추며 따라 할 정도로 좋아한다. 'Dr. Seuss' 작가는 46권이 넘는 책을 폈다. 그중 쉬운 단어와 문장이 반복되고, 모음과 자음의 변화를 보여줘서 파닉스를 신나게 익힐 수 있는 책들을 아래에 수록한다.

《Dr. Seuss's ABC》
- Dr. Seuss

《Green Eggs and Ham》
- Dr. Seuss

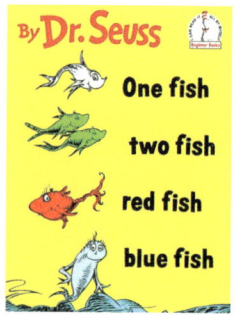

《One Fish Two Fish Red Fish Blue Fish》
- Dr. Seuss

넷째, 남자아이가 좋아할 수밖에 없는 책을 주자!

아들이 다섯 살 때 영어책에 전혀 관심이 없었다. 그때 읽어주자마자 성공한 책이 있다. 바로 《Go Away, Big Green Monster!》.

강연을 하면서 "영어책 읽기를 거부하는 아이들이 있나요?"라고 항상 묻는데 그때마다 이 책을 부모들에게 추천한다. 그리고 거의 모든 아이들이 재미있게 읽었다는 피드백을 받았다. 사실 여자아이들도 좋아하는 책이다.

지금 아들이 영어책 읽기를 거부한다면 《Go Away, Big Green Monster!》를 읽어주자.

푸르스름하다는 영어로 뭘까? 들쭉날쭉 자랐다는? 책을 통하지 않으면 평생 모를 것 같은 단어를 눈과 느낌으로 바로 체득할 수 있다. 책을 한 장 한 장 넘길 때마다 괴물의 얼굴 형태와 색깔, 느낌을 묘사하는 문장이 나오고, 쓰여있는 대로 그림이 하나하나 생긴다.

그림 아래에는 'Bluish-greenish nose 푸르스름한 코', 'Scraggly purple hair 들쭉날쭉 자란 보라색 머리', 'Squiggly ears 구불구불한 귀' 등 모양을 말해주는 어려운 단어가 나오는데 설명할 필요가 없다. 묘사된 문장대로 모습이 바로 나타나므로 아이들이 스스로 의미를 알게 된다. 눈, 코, 입, 귀, 머리카락 등이 하나하나 순차적으로 그림으로 나타나면서 'Green Monster 초록 괴물' 얼굴이 완성된다.

얼굴이 모두 드러난 후부터는 'Go Away'가 시작된다. 'Go Away'라는 말이 페이지마다 반복되며 글로 표현된 얼굴 부위가

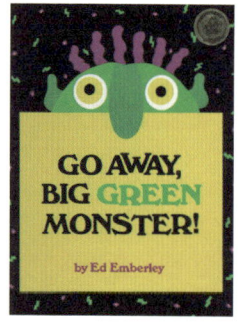  

《Go Away, Big Green Monster!》
- Ed Emberley

순서대로 하나씩 사라지고 마지막 장에는 'Go Away, Big Green Monster!'라는 말과 함께 모두 사라진다. 읽어줄 때마다 마술을 보는 듯 신기하다.

읽어주자마자 좋아했고 계속 보고 싶다고 해서 수십 번 읽어줬더니, 어느 순간 "Go away mommy, daddy!"라고 말을 내뱉었다. 웃어야 할지 울어야 할지 모르는 상황이 연출됐다. 확실한 건 아이가 책에 나오는 단어 뜻을 우리말 해석 없이 정확히 이해했다는 것이다. 'Go away'가 무슨 의미인지 말해줄 필요가 없다. 억지로 하지 않아도, 좋아하는 책을 반복해서 읽어주면 아이가 즐기며 책을 통째로 외우게 되는 효과도 얻게 된다.

고학년, 첫 영어 재미있게 시작하는 비법

우리나라는 초등학교 3학년부터 학교 영어 수업이 시작된다. 초등학교 3학년 때 영어를 거의 처음 접하고 4학년인 고학년 때부터 본격적으로 영어 공부를 시작하는 아이들도 있다. 열 살이 넘은 아이들은 이미 우리말 실력이 부족함이 없는데 반해, 영어는 미국 유치원 정도 수준인 경우도 많다. 고학년 아이는 우리말 실력이 뛰어나므로 본인의 영어 레벨에 맞는 그림책을 주면 수준이 낮아 흥미를 느끼지 못하고 시시해서 읽기를 싫어한다. 또 우리말 수준에 맞는 영어책은 어휘를 몰라서 손을 대기가 어렵다. 이런 경우는 다른 접근 방법이 필요하다. 엄마의 노력이 필요한 부분이지만 한번 해보자.

우선 영영사전을 구입한다. 그리고 아이가 좋아할 만한 책을 고른다. 수준은 얇은 챕터북이 알맞다. 추천하는 책 중 하나는 핵심 길잡이 《Magic Tree House》다. 1권에서 28권까지의 수준이 적절하다. 미국 초등학교 2~3학년 읽기 수준이다. 28권 이후의 책들은 미국 초등학교 4, 5학년 수준에 이른다.

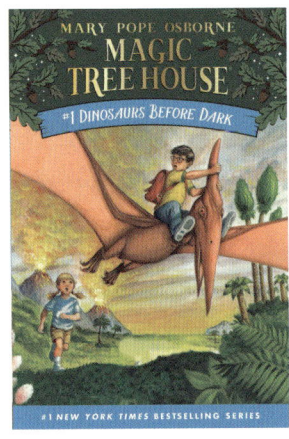

《Dinosaurs Before Dark
(Magic Tree House, No. 1)》
- Mary Pope Osborne

첫 번째 책인 1권부터 시작한다. 1권은 AR 2.6, 미국 초등학교 2학년 6개월의 읽기 수준이다. 《Magic Tree House》는 시공간을 이동하며 역사 현장으로 들어가 환상적인 모험을 하는 이야기다. 남자아이들이 좋아할 수밖에 없는 내용이다.

실행 방법을 살펴보자. 엄마가 책을 처음부터 끝까지 훑어보면서 아이가 모를 것 같은 단어를 영영사전에서 찾는다. 사전에서 찾은 단어들에 조그만 포스트잇을 붙여둔다. 포스트잇은 사전에 붙인다. 아이가 영영사전의 포스트잇을 떼어가며 찾아 놓은 단어들을 소리 내 읽는다. 단어를 읽고, 정의, 예문들도 모두 읽는다. 처음 본 단어들이지만 영영사전을 통해 단어, 정의, 예문을 읽어 그 단어를 4회 정도 만나게 된다. 모르는 단어를 책을 읽기 전에 학습했으므로 아이는 책을 이해하며 술술 읽는다.

이렇게 10권만 해보자. 《Magic Tree House》는 내용이 이해가 안 돼서 읽기 싫은 것이지, 내용만 이해되면 대부분의 아이들이 좋아하는 책이다. 10권 정도 이와 같이 반복한 후에는 단어를 미리 찾아주지 말고 그냥 읽게 해본다. 이미 이야기를 좋아하게 된 아이는 스토리에 빠져 모르는 단어가 있어도 읽고 싶어지고, 그간 반복해 습득한 단어 덕분에 점점 책을 수월하게 읽을 수 있다. 10권을 읽고도 아이가 혼자 읽는 것을 어려워하면 몇 권 더 같은 방법을 진행한다.

영어를 거부하는 고학년, 계기를 만들어주자!

초등학교 4학년, 2학년 아들을 둔 워킹맘의 성공 노하우다. 아이들이 영어를 거부하는 상황이었다. 억지로 학원을 다니게 할 수도 있었지만 아이들이 영어에 관심을 가지고 스스로 공부하기를 바랐다. 엄마는 아이들이 영어의 필요성을 직접 깨닫게 할 수 있는 방법을 고민하다가 직접 영어권 나라로 가보기로 한다.

워킹맘이기 때문에 시간을 내기가 어려웠지만 무리해서 10일 휴가를 내고 호주로 여행을 가기로 했다. 호주로 결정한 이유는 미국보다 가깝고 아이들이 사진에서 본 유명 장소가 있었기 때문이다. 여행 계획부터 엄마 혼자 결정하지 않고 가고 싶은 곳은 아이들이 스스로 결정하고 계획을 짜도록 했다. 본인들이 주도적으로 계획을 짜니 아이들의 관심도가 매우 높았다.

엄마와 아들 둘이 호주로 향했다. 비행기에서 내려 공항에서부터 영어를 사용해야 하는 상황. 처음에는 엄마가 간단한 영어로 안내했다. 이틀째부터는 목적지를 찾아갈 때 지도를 보고 아이들이 앞장서게 했다. 길을 물을 때도 아이들이 직접 원어민에게 질문하도록 가이드했다.

아이가 원치 않을 때는 무작정 영어를 쓰라고 강요하지 않았다. 아이들이 영어에 익숙하지 않으므로 여행에 필요한 말을 엄마가 미리 준비했고, 따라 말하도록 유도했다. 길지 않은 문장이므로 엄마가 충분히 말할 수 있었다. 오페라 하우스에 공연을 보러 갔을 때는 "Three tickets, please 표 세 장 주세요"를 엄마가 알려주고 아들이 혼자 매표소에 가서 표 세 장을 사오는 방식이었다. 일주일의 체류 기간 동안 그리 많은 영어를 직접 말한 것도 아니지만, 아이들의 마음에는 큰 변화가 있었다.

아이들은 영어의 필요성을 몸으로 체감했다. 엄마가 먼저 말하지 않았지만 돌아오는 비행기에서 아이들 모두 "영어 공부 열심히 할래"라고 얘기했고 정말로 영어책을 손에 잡기 시작했다.

아이가 영어를 심하게 거부한다면, 꼭 영어권으로 여행을 가지 않더라도 아이에게 영어의 필요성을 직접 느낄 수 있는 계기를 만들어주는 것이 좋다.

예를 들면 야구를 좋아하는 아들에게 메이저리그 야구 경기를 영어 방송으로 보여준다. 처음에는 선수들 이름을 외우고, 다음

엔 규칙을 스스로 영어로 공부하고 나중에는 해설자의 말도 이해한다.

 아들이 스스로 영어를 하고 싶도록 동기를 만들어주자. 남자아이들은 특히 어떤 계기로 인해 본인이 깨달으면 스스로 더욱 열심히 매진한다.

• PART Ⅱ •

우리 아들 영어자립!
실천 로드맵

STEP 1

재미있으면 말려도 한다!
거부감 없이 영어와 친구 되기

> 목표 · 영어와 거부감 없이 만나기
> 과정 · 엄마, 아빠가 매일 한 권씩 읽어주기

만져보게, 느껴보게, 놀아보게!

많은 남자아이들이 몸을 움직이고 체험하기를 좋아한다. 체험만큼 익숙해지고 기억에 오래 남게 하는 방법도 드물다.

처음 아들에게 영어를 소개할 때 가장 중요한 것은 '거부감'이 없도록 하는 것이다. 영어 공부도 일단 영어라는 언어를 '친근감' 있게 느낀 후에 시작하자. 영어에 거부감이 생기면 돌이키기가 어려울 수도 있다. 아들이 처음 영어 공부를 시작할 때 영어에 대해 호감을 가지게 된다면 반은 성공이다.

여기서는 아이들이 보기만 해도 신나서 자꾸 읽어달라고 하는 책들을 공유한다. 입체북, 촉감북 리스트는 찾기가 쉽지 않으므로 아래 리스트가 도움이 될 것이다. 영어책을 처음 접하는 아들에게 잘 먹힐 책들이다.

책이 살아 움직인다, 입체북 베스트 5

입체북의 장점은 책이 살아 움직인다는 것이다. 고릴라 긴 팔이 위 아래로 움직이고, 코끼리 코가 튀어나오고, 코뿔소 뿔이 찌를 듯이 솟아오른다. 울창한 정글 속에서 맹수가 튀어나오고 꿈틀거리던 애벌레는 책 밖을 나와 하늘을 나는 나비가 된다. 아이들이 좋아할 수밖에 없다. 엄마, 아빠가 활기차게 매일 한 권씩 읽어주자. 어느새 아이가 환호성을 지르며 또 읽어달라고 외칠 것이다.

제목	작가	표지
《Dear Zoo》 ☆아마존 베스트셀러	Rod Campbell	

《The Scared Little Bear》	Keith Faulkner
《The Long-Nosed Pig》	Keith Faulkner
《The Wide-Mouthed Frog》	Keith Faulkner
《It's Mine!》	Rod Campbell

책과 손잡고 교감한다, 플랩북 베스트 5

처음 만날 때 친근감을 주는 인사법 중 하나는 손을 따뜻하게 잡고 '악수'하는 것이다. 플랩북Flap book은 아이가 손으로 해를 뜨게 하고 꽃을 피게 한다. 문을 두드리기도 하고 창문을 열며 주스를 컵에 채워본다. 화장지를 줄줄 풀어보고 케이크 촛불도 꺼본다. 책 속 주인공과 숨바꼭질도 한다. 책을 읽는 것이 아니고 책과 손잡고 노는 것이다.

대표적인 플랩북으로는 《Spot》 시리즈, 《Maisy》 시리즈, 'Eric Carle' 작가의 시리즈가 있다. 전 세계 베스트셀러인 'Eric Carle' 시리즈는 운율이 느껴지고 각운이 맞춰진 단어로 구성돼 영어의 글맛을 느끼며 말을 배우게 된다. 독특한 그림도 아이들 눈을 사로잡는다. 곤충과 동물에 대한 지식을 쌓을 수 있는 소재, 아이들이 주인공인 따뜻한 이야기 등, 내용이 다양하다. 70여 권의 책이 출간되었고 다양한 형태의 플랩북도 많다. 파트 Ⅲ에 책을 보여주며 읽어주는 무료 동영상 QR코드를 수록했다. 책과 함께 활용하면 더욱 좋다.

제목	작가	표지
《Maisy's Wonderful Weather Book》	Lucy Cousins	
《Where's Spot?》	Eric Hill	
《Spot's Halloween》	Eric Hill	

《The Very Hungry Caterpillar》	Eric Carle	
《Playtown: Airport》	Roger Priddy	

만져보고 영어를 몸으로 흡수한다, 촉감북 베스트 5

뽀송뽀송 토끼 귀, 거칠거칠 고릴라 털, 복슬복슬 강아지 꼬리, 삐죽삐죽 자란 머리카락…. 쉽지 않은 단어들을 설명할 필요 없이 익힐 수 있다. 일일이 영어를 우리말로 번역해서 설명해주면 엄마도 어렵고 아이도 흥미를 잃을 수 있다. 아이가 만져보면 어려운 단어임에도 구체적인 의미를 확실히 몸으로 인식하고 기억할 수 있다.

제목	작가	표지
《Baby Touch and Feel: Animals》	DK	
《Pat the Bunny (Touch and Feel Book)》	Dorothy Kunhardt	
《Night Night, Farm Touch and Feel》	Amy Parker	
《Touch and Feel Farm》	Scholastic	
《Touch and Feel Petting Zoo》	Jeanne K. Grieser	

STEP 2

엄마 손으로 기초 파닉스 완성하기

목표 · 파닉스 기본 규칙 습득하기
과정 · 하루 30분 파닉스 학습하기

파닉스, 완성은 없다

'파닉스Phonics'란 영어 단어가 가진 소리와 발음을 배우는 공부다. 발음 [ㅋ]는 c, k, ck의 어떤 것으로 쓰여진다와 같이, 어떤 발음이 어느 문자군과 결합되어 있는지를 알려주는 공부 방법이다(위키백과 인용).

다시 말해, 알파벳이 조합되는 경우에 따라서 어떻게 소리가 나는가에 대하여 학습하는 것이므로 파닉스를 알면 단어 뜻을 몰라도 영어를 읽을 수 있다는 이야기다. 하지만 전체 영어 단어 중에 파닉스 규칙에 맞지 않는 단어가 약 20%에 이른다(efuture.co.kr 참조). 즉, 파닉스에 완성이란 없다. 처음 영어를 배우는 아이들에게 파닉스를 완벽하게 습득시키고자 하는 생각은 버려야 한다.

하지만 파닉스의 기초를 학습하면 영어 읽기가 훨씬 빠르게 진행되고 아이가 스스로 책을 더 재미있게 읽는데 도움이 된다. 따라서 기초 파닉스는 알고 넘어가도록 하자.

기초 파닉스 추천 교재

영어를 처음 시작하는 아이들에게 적합한 파닉스 기초 교재로 《Fly Phonics》 시리즈가 있다. 그림과 글자 쓰는 칸이 크고 넓어서 아직 작게 글자 쓰기에 서툰 다섯 살 남자아이들도 부담 없이 할 수 있다. 자음, 모음을 익히면서 간단한 통문장을 함께 읽어볼 수 있다. 부록으로 짧은 리딩(문제풀이)이 포함되어 있다. 아이에게 완벽하게 외우도록 강요하지 않고 건너뛰는 부분만 없게 꼼꼼히 한 번 본다는 생각으로 학습을 진행한다. 총 4권의 시리즈를 완료한 후에는 책 읽기로 넘어간다.

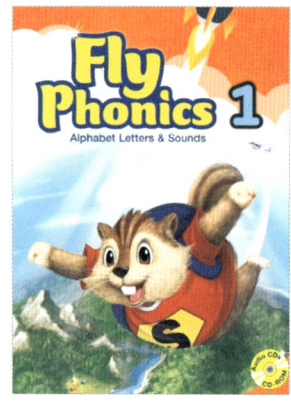

《Fly Phonics 1》
- Daniel Kim 외

학원 1년 다녀도 안 되는 파닉스, 한 달 만에 되게 하는 비법

파닉스 학원을 1년 다녔는데도 기초 파닉스를 익히지 못한 초등 1학년 지니(영어 닉네임)가 찾아왔다. 한 줄의 문장으로 구성된 그림책을 보여줬을 때 거의 읽지 못하는 상황이었다. 읽지 못하는 것은 괜찮았지만 영어를 읽는 것에 대해 자신이 없었다. 언어도 자신감이 중요하다. 틀리더라도 소리 내어 읽어볼 수 있도록 자신감을 심어줘야 했다.

이미 파닉스 수업을 들은 아이에게 파닉스 규칙만을 외우게 하는 방법은 별 의미가 없었다. 그래서 시도한 방법. 파닉스를 외우는 학습서나 문제집으로 규칙을 외우는 대신 파닉스를 활용해볼 수 있는 '책'으로 접근하는 것이었다.

책의 선정이 중요했다. 선정 기준은, 첫째, 재미있을 것. 둘째, 생각하며 볼 수 있도록 스토리가 있을 것. 셋째, 파닉스 기초를 익힐 수 있도록 단어가 반복되어 나올 것. 넷째, 짧고 쉬운 문장으로 구성될 것. 다섯째, 20페이지 이하로 얇을 것이었다. 그리고 주인공이나 캐릭터가 일관성 있게 등장해 아이가 친근감을 느낄 수 있도록 시리즈를 선택했다.

선정된 시리즈는 《I Can Read! Phonics》다. 'Biscuit', 'Little Critter', 'Pete the Cat' 등 캐릭터가 각각 12권 시리즈에 계속 나온다. 파닉스 학습을 위해 만들어진 그림책이다. 손바닥만 한 크기이므로 가지고 다니면서 반복해서 읽혀도 좋다.

지니에게 책 표지를 보여줬다. 귀여운 강아지 그림이 그려져 있으니 아이가 좋다고 고개를 끄덕였다. 표지에는 책에서 학습할 파닉스 규칙을 담은 단어가 쓰여 있다.

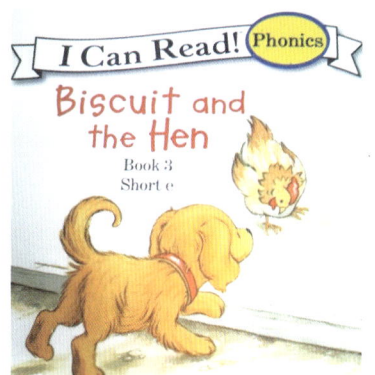 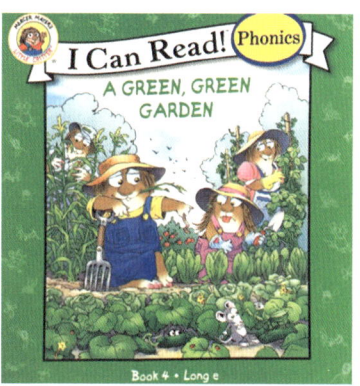

표지에 'Short e', 'Long e'와 같이 반복되어 나오는 발음이 쓰여 있어서 어떤 발음을 익혀야 하는지 알 수 있다.

> In this story you will learn about the **short e** vowel sound. Can you find these words and sound them out?
>
> | met | pen | went |
> |---|---|---|
> | hen | get | peck |
>
> Here are some review sight words:
>
> | a | the | of |
> |---|---|---|
>
> Here are some new sight words:
>
> | was | out | in | said |
> |---|---|---|---|
>
> Here are some fun words:
>
> | Biscuit | woof |
> |---|---|

《Biscuit and the Hen》첫 장에 책을 읽기 전 미리 익히고 읽어봐야 할 단어가 정리돼 있다.

위의 'Short e' 단어 리스트를 보며 'e'만 손가락으로 짚으면서 설명했다.

"이 책에 나오는 'e'는 모두 '에'로 발음돼. 그걸 기억하고 한번 읽어보자."

아이에게 먼저 읽어보게 했다. "met, pen, hen…." 알파벳 자음의 발음은 알고 있는 상태이므로 무리 없이 읽었다. 그리곤 책을 처음부터 읽기 시작했다. 단어 리스트를 통해 미리 읽기 연습을 한 단어들이 본문에 다시 나오므로 아이가 곧잘 읽었다. 잘못 발음하는 것은 옳게 읽어주고 따라 읽도록 했다. 그 다음 다시 처음부터 반복해서 읽고 이 과정을 2회 반복 후에 처음부터 끝까지 음독하며 써 내려갔다. 책 한 권이지만 총 문장 수는 6~7개에 불과하므로 무리는 없었다.

다음 날은 전날 읽은 책을 한 번 읽는 복습을 거친 후, 새로운 책을 위와 같은 방법으로 반복했다. 책이 얇으므로 하루 두 권씩 읽는 것에 아이가 부담을 느끼지 않았다. 이렇게 12권 시리즈, 36권을 끝내자 아이는 시리즈의 모든 단어를 술술 읽었다. 이때부터《I Can Read! Phonics》시리즈 외에《Learn to Read》시리즈를 함께 읽었다.《Learn to Read》시리즈는 영어를 처음 배울 때 읽는 가장 쉬운 책 중 하나다.

《I Can Read! Phonics》시리즈를 교과서처럼 중심에 두고 반복해서 학습하면서 동시에 쉬운 그림책을 읽어보자. 이미 습득한 단어들이 쉬운 그림책에서 나오면 자신감이 생기고 새로운 단어가 나와도 스스로 읽기를 시도한다. 아이가 잘못 발음해도 윽박지르지 말고 올바른 발음으로 교정해서 따라 읽게 하고 넘어간다.

파닉스도 알파벳을 읽을 수만 있으면 책을 중심에 두고 익혀보자. 아이가 스스로 사고하면서 읽고 이 과정을 통해 응용력이 길러진다. 얇은 책이라도 처음부터 끝까지 혼자서 책을 읽을 수 있다는 것은 아이 스스로 영어를 즐기게 되는 첫걸음이다.

처음에 영어책 앞에서 망설였던 지니는 지금은 추천해주는 책을 선뜻 자신 있게 받아 읽는다. 물론 아직도 못 읽는 단어가 많다. 하지만 아직 초등학교 1학년인 지니, 영어책을 두려워하지 않고 자신감을 가지게 된 것이 이미 성공이라고 생각한다.

무료 파닉스 학습 동영상

　남자아이들이 열광하는 파닉스 학습 동영상을 소개한다. 영어 방송을 싫어하는 아이들에게도 보여주면 영어에 흥미를 붙이는 데 도움이 된다.
　여섯 살인 아들이 쏙 빠져서 몰입해 보며 발음을 따라 했고, 많은 남자아이들뿐 아니라 여자아이들도 좋아하는 동영상이다. 생소한 파닉스를 재미있고 쉽게 접할 수 있다.

- Alphablocks

　26개 알파벳이 각각의 블록 모양이 되어 알파벳 모음, 자음의 음가를 알려주면서 노래한다. 춤을 추며 알파벳 조합으로 새로운 단어와 문장을 만들어 보여주고 읽어준다. 아이들은 노래를 따라 하며 파닉스를 익힌다.

Alphablocks Phonics for Kids
https://www.youtube.com/watch?v=xJSVrq-6-jc

• Leap Frog

개구리들이 알파벳을 만드는 공장에 방문해 알파벳과 놀며 문장과 단어를 만든다. 아이가 혼자서도 즐겁게 보고 따라 하는 것을 보면 '놀면서 영어가 몸에 배는 것이 이런 것이구나' 하는 생각이 든다.

Leap Frog
https://www.youtube.com/watch?v=TsPbljENEWs&index=1&list=PLC5F928D32C3E270D

위의 동영상을 하루 20분씩 보여주면서, 동시에 STEP 3에 수록한 '파닉스 완성을 위한 길잡이 그림책'을 읽혀보자. 훨씬 수월하게 영어와 친해질 수 있다.

사이트 워드 알아야 할까?

파트 I 에서 언급했듯이 '사이트 워드'는 어린이 책에서 등장하는 빈도수가 가장 높은 어휘를 말한다. 마냥 외우는 것은 좋지 않지만 유치원 수준의 기본 사이트 워드는 숙지하는 것을 권하고 싶다. 사이트 워드의 시작은 Edward William Dolch 박사다. Dolch 박사는 1930~40년대 어린이 도서를 분석하여 어린이 책의 80%를 차지하는 어휘를 모아 단어 리스트를 만들었다(www.sightwords.com 인용). 대표적인 사이트 워드는 220개 단어가 있다. 학년별 리스트가 있지만 미국 학생들에게는 초등학교 1학년까지 사이트 워드를 숙지하라고 말한다(www.dolchword.net 인용).

미국 학년별 Dolch 사이트 워드 220개

Pre-Primer		Primer		First Grade		Second Grade		Third Grade	
a	look	all	out	after	let	always	or	about	laugh
and	make	am	please	again	live	around	pull	better	light

away	me	are	pretty	an	may	because	read	bring	long
big	my	at	ran	any	of	been	right	carry	much
blue	not	ate	ride	as	old	before	sing	clean	myself
can	one	be	saw	ask	once	best	sit	cut	never
come	play	black	say	by	open	both	sleep	done	only
down	red	brown	she	could	over	buy	tell	draw	own
find	run	but	so	every	put	call	their	drink	pick
for	said	came	soon	fly	round	cold	these	eight	seven
funny	see	did	that	from	some	does	those	fall	shall
go	the	do	there	give	stop	don't	upon	far	show
help	three	eat	they	going	take	fast	us	full	six
here	to	four	this	had	thank	first	use	got	small
I	two	get	too	has	them	five	very	grow	start
in	up	good	under	her	then	found	wash	hold	ten
is	we	have	want	him	think	gave	which	hot	today
it	where	he	was	his	walk	goes	why	hurt	together
jump	yellow	into	well	how	were	green	wish	if	try
little	you	like	went	just	when	its	work	keep	warm
-	-	must	what	know	-	made	would	kind	-
-	-	new	white	-	-	many	write	-	-
-	-	no	who	-	-	off	your	-	-
-	-	now	will	-	-	-	-	-	-
-	-	on	with	-	-	-	-	-	-
-	-	our	yes	-	-	-	-	-	-

출처: www.dolchword.net

꿀팁 무료 사이트 - 사이트 워드 플래시 카드 만들기

사이트 워드로 플래시 카드를 만들어 공부할 수 있는 무료 사이트(www.sightwords.com/sight-words/flash-cards/#1up)를 활용해보자.

사이트 워드 사이트(sightwords.com)

위 사이트에는 미국 유치원부터 초등학교 과정에 이르는 사이트 워드가 수록돼 있다. 연구한 언어학자의 이름을 따서 만든 여러 버전이 있다. Dolch 박사의 사이트 워드를 먼저 학습해보자.

처음에는 Pre-K Pre-Kindergarten, 유치원 수준 리스트 40개 정도만 먼저 익힌다. 아이가 싫어하지 않으면 단계를 높여가며 학습할 수 있도록 가이드한다. 플래시 카드 자료를 다운받아 인쇄하여 플래시 카드로 만든 후 아이가 소리 내어 읽어보게 한다.

사이트 워드는 아이들 책에 워낙 자주 나오므로 처음 배울 때 올바른 발음을 습득해야 한다. 따라서 발음이 틀리면 고쳐준다. 발음을 수정해줄 때는 엄마가 읽어주고 따라 하게 하거나 인터넷 네이버 사전을 이용한다. 네이버 사전에서 단어를 찾아 단어 옆에 스피커 표시를 누르면 원어민 발음을 들을 수 있다. 원어민 발음을 듣고 따라 해보는 것도 좋다.

놀이로 사이트 워드를 익힌다

사이트 워드는 내 친구

아이들에게 책 읽기 기쁨을 당겨줄 사이트 워드를 카드놀이로 익혀보자. 기본 40개부터 시작한다. 사이트 워드를 인쇄해서 집안 곳곳에 붙여 놓는다. 또는 포스트잇에 써서 붙여 놓는다. 아이가 지나다니며 눈으로 익히고 본다.

놀이는 이렇게 시작한다. 아이가 걸어 다니다가 사이트 워드를 보고 소리 내어 읽을 때마다 스티커를 준다. 50개가 모이면 1,000원 상당의 상품을 사주거나 아이 통장에 1,000원을 넣어준다. 같은 단어를 두 번 읽어도 횟수에 추가해준다. 예를 들어 'and, and, and' 하고 세 번 읽으면 세 개의 스티커를 받게 된다. 억지로 외우게 하지 말고 카드를 볼 때마다 반복해서 읽어보게 하는 것이 중요하다. 단어가 익숙해진 후에는 엄마가 카드를 넘기며 아이가 읽는다. 아이가 단어를 맞게 읽으면 "딩동댕"이라고 외치며 신이 나도록 맞장구쳐주자. 엄마도 재미있을 것이다.

사이트 워드 숨바꼭질

우리 아들이 좋아한 놀이다. 아이가 기억한 단어를 책에서 찾아보게 하는 것! 바로 사이트 워드 숨바꼭질이다. 엄마가 읽어주기 전에 책을 펴고 아는 단어만 쭉 찾아보게 한다. "자, 아는 단어 찾아보자." 이미 외운 사이트 워드를 발견하면 아이가 손가락으로 짚고 읽어보게 한다. 대부분 모르는 단어인데 몇 개 익숙한 단어가 나오면 아이가 손뼉을 치며 좋아한다. 그리고 다른 책을 펼쳐보고 싶어 한다. 성취감을 느끼게 하고 영어책에 대한 자신감도 조금씩 쌓이게 하는 방법이다.

　아이들에게 성취감을 느끼게 해주는 것은 꾸준히 영어책을 읽는 데 큰 도움이 된다. 집에 얇은 영어책만 있으면 가능한 놀이이므로 오늘부터 시도해보는 것은 어떨까?

> 꿀팁   AR이란?

책 읽기를 중요하게 생각하는 미국. 미국 많은 학교에서 아이들이 독서를 하고 책에 대한 이해도를 측정하기 위해 독해 퀴즈 Reading Comprehension Quiz를 푼다. 미국에서 많이 사용하는 시스템 중 하나가 르네상스러닝에서 나온 AR Accelerated Reader 독서 학습 관리 프로그램이다. 1985년에 개발됐으며 17만 권 이상의 도서 데이터베이스를 가지고 있다. 미국 내 6만 곳 이상의 학교에서 이용하고 있다.

르네상스러닝의 교육 프로그램은 학교나 학원을 통해서만 이용할 수 있다. 하지만 'AR' 레벨은 무료 사이트를 통해 언제든 확인할 수 있으므로 활용해보자. 무료 사이트 이용 방법은 다음 페이지 꿀팁에서 상세히 설명했다.

AR은 읽기 Reading 수준을 미국 학생 기준으로 만든 지표다. 책의 AR이 5.2라고 하면 그 책의 수준은 미국 초등학교 5.2학년(5년하고 2달)이다.

아이의 AR 레벨은 테스트를 통해 확인할 수 있다. AR 테스트를 해보면 레벨이 나오는데 'AR 2.0'이라는 결과가 나왔다면 아이의 읽기 수준이 미국 초등학교 2학년이라는 의미다. 다년간 많은 학생의 영어책 읽기 수준을 봤지만 AR만큼 정확한 지표는 드물다. 아이 수준이 궁금하면 사설 영어 도서관이나 르네상스러닝 프로그램을 쓰는 학원에 가서 테스트를 해보면 된다.

AR 지표가 정확하고 숫자로 표기돼 확인이 편리하므로, 추천하는 모든 길잡이 책에 AR 레벨을 표기했다. 참고하여 아이의 읽기 수준을 높여가며 책 읽기를 가이드해주기를 바란다.

> **꿀팁** 무료 사이트- 책의 AR 레벨 확인하기

처음 보는 영어책을 발견하면 책의 수준이 궁금하기 마련이다. 이때 사용하면 유용한 사이트가 있다. AR 북파인더(www.arbookfind.com)다. 17만 권이 넘는 책의 AR 레벨이 수록돼 있다.

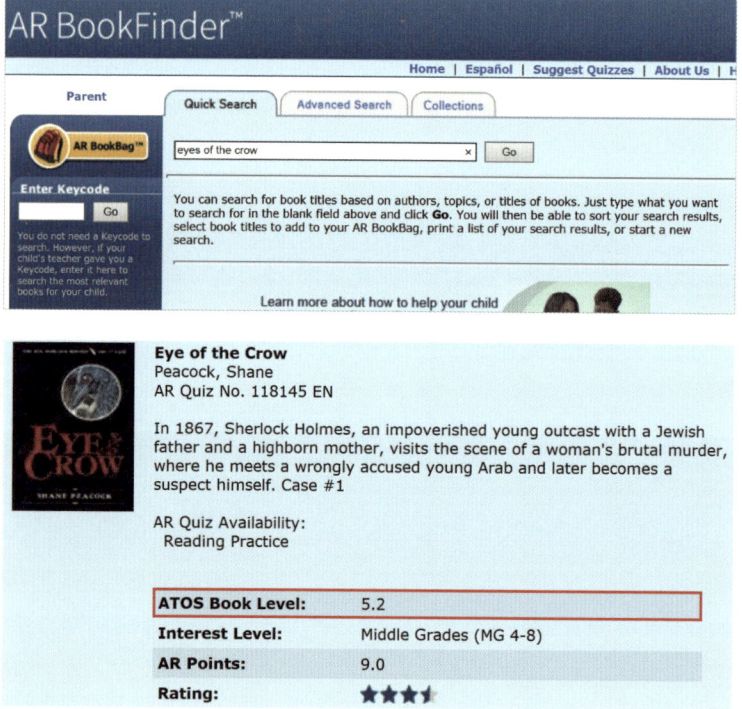

AR 북파인더 사이트

메인 페이지 상단에 책 제목을 입력하고 'Go'를 클릭하면 책의 난이도를 알려주는 AR 레벨이 뜬다.

'ATOS Book Level'에 쓰여 있는 숫자가 책 수준이다. 아이에게 책을 가이드해줄 때 활용하기 바란다.

STEP 3

파닉스 완성을 위한
길잡이 그림책

【 AR 0.4~1.0 】

AR · 0.4~1.0은 그림이 90%를 차지하고 글이 한 줄 정도 있는 책
목표 · 파닉스 규칙을 다양하게 응용할 수 있는 책 읽기로 기초 파닉스 완성하기
과정 · CD를 들으면서 소리 내어 따라 읽은 후, 바로 아이 혼자 한 번 더 읽기
· 하루 두 권 이상 음독하기

앞서 배운 사이트 워드와 파닉스를 활용해서 책을 읽음으로써 기초 파닉스를 완성해보자.

과정은 연속으로 두 번 읽는 것이다. 첫 번째는 CD 소리에 맞춰서 따라 읽는다. 두 번째 읽을 때는 CD 없이 혼자 소리 내어 읽는다. 하루 두 권 이상 하면 더 효과적이다.

CD가 없을 때는 부모가 처음부터 끝까지 읽어주고 아이 혼자

다시 읽는다. 단어가 쉬우므로 부모가 충분히 읽어줄 수 있다.

하루 두 권씩 소리 내어 읽게 하자. 두 권을 읽을 경우 영어에 집중적으로 노출되는 시간이 30분 정도 된다. 어떤 원어민 과외보다도 정확하고 효율적으로 파닉스를 익힐 수 있다. 책이 보통 20페이지 이하고 그림이 90%를 차지하며 문장은 한두 줄 수준이므로 하루 두 권씩 읽어도 큰 무리는 되지 않는다.

파닉스도 책으로 익혀야 몸으로 익숙해진다. 하루 두 권 6개월이면 금세 360권이 된다. 매일 두 권이 쉬울 것 같지만 사실 꾸준히 하는 것이 쉽지 않다. 꾸준히 해야 한다. 두 권에는 같은 책을 반복해서 읽는 것도 포함된다. 모든 책을 구매할 필요는 없다. 이 시기 책들은 반복해서 암기할 정도로 읽으면 책 읽기의 기초를 잡는 주춧돌이 되므로 반복해서 읽는 것이 좋다.

앞으로 책을 읽을 때는 틀린 발음을 일일이 교정하지 않아도 된다. 실수를 통해 스스로 알아가면 되기 때문이다. 하지만 지금 단계, '파닉스 완성을 위한 길잡이 책'을 읽는 시기에는 틀린 발음을 교정해주고 따라 하도록 가이드한다.

다음에 나오는 길잡이 책은 다음 단계로 읽기 레벨을 자연스럽게 올려주는 알짜 추천도서를 의미한다. 이 책에 수록한 추천도서는 모두 길잡이 책이다. 핵심길잡이 책은 길잡이 책 중에서도 가장 재미있는 책으로, 그 단계에서 먼저 읽어보면 좋은 책이다.

《Learn to Read》 시리즈

【 AR 0.4~0.8 】

작가 : Trisha Callella 외

　재미Fun, 판타지Fantasy, 과학Science, 사회Social Studies, 수학Math의 영역으로 나눠져 구성된 96권 시리즈다. 모두 읽을 필요는 없고 레벨 1, 2에서 50권 정도를 읽어보자. 그림이 90%, 문장은 한 줄 정도로 구성되어 있다.

　기본 문형에서 명사나 형용사만 변형해가며 문장이 반복되므로 아이가 사이트 워드와 영문 패턴에 익숙해진다. 그림을 보고 쓰여 있는 글이 무슨 뜻인지 직관적으로 유추할 수 있도록 문장이 간단하고 쉽게 쓰여 있다. 아이의 첫 파닉스 완성 그림책으로 안성맞춤이다.

《Barney Bear, World Traveler》
- Trisha Callella

> 핵심
> 길잡이

《Step into Reading》 시리즈 스텝 1

【 AR 0.8 】

작가 : Jennifer Armstrong 외

다양한 영역의 이야기로 구성된 34권 시리즈다. 스텝 1은 파닉스 학습에 도움이 되도록 알파벳 자음과 모음을 바꿔가며 단어와 문장을 만들어보는 등, 알파벳으로 놀아보는 내용이 많다. 문장이 쉽고 위트가 있어서 아이에게 내용을 설명할 필요도 없다. 흔히 알고 있는 '토마스' 기차가 주인공인 이야기, 미국 유아 TV 프로그램 〈세서미 스트리트 Sesame Street〉 캐릭터 '엘모'가 나오는 책 등, 익숙한 캐릭터와 잔잔한 재미를 주는 이야기도 있다. 자기 전에 엄마가 책을 읽어주고, 다음날 아이가 소리 내어 다시 읽어보게 하는 방법도 좋다.

《Sunshine, Moonshine》
- Jennifer Armstrong

> 핵심
> 길잡이

《Scholastic Hello Reader》 시리즈 레벨 1

【 AR 0.6~1.3 】

작가 : Grace Maccarone 외

미국 유치원생과 초등학생의 읽기 능력 향상을 위해 만들어진 책이다. 1~4단계 구성으로 이 시기에는 레벨 1의 60권을 모두 읽으면 좋다. 일상생활이 배경인 창작 동화이며, 레벨 2는 35권, 레벨 3, 4는 총 35권이다. 짧은 문장이 반복되고 귀엽고 재미있는 캐릭터들이 등장해 아이들이 부담 없이 즐기며 읽을 수 있다.

Fluency Fun

The words in each list below end in the same sounds.
Read the words in a list.
Read them again.
Read them faster.
Try to read all 12 words in one minute.

bat	cow	big
cat	how	dig
rat	now	pig
that	wow	wig

Look for these words in the story.

| said | what | and |
| | see | know |

《"What Is That?" Said the Cat》 앞표지와 뒤표지
- Grace Maccarone

뒤표지에 있는 'Fluency Fun' 단어를 반복해서 읽어보자. 속도를 높여가며 1분 안에 12개의 단어를 말할 수 있는 것을 목표로 연습한다. 시간을 재면서 게임처럼 빠르게 읽게 하면 승부욕을 발휘하며 아이들이 의외로 열심히 한다. 정확하고 빠르게 읽어서 입에 붙도록 해보자. 다른 책에도 자주 등장하는 단어들이므로 읽기 속도 향상에 큰 도움이 된다.

아래 'Look for these words in the story아래 단어들을 책에서 찾아보세요' 문장 밑의 단어들을 책을 넘기며 찾아보게 한다. 책을 훑어보는 과정에서 자연스럽게 복습을 하게 된다. 무엇보다도 아이들이 단어를 찾았다고 좋아한다. 성취감과 재미를 동시에 느끼게 해주는 방법이다.

STEP 4

1단계 리더스북으로 혼자 읽기 완성

【 AR 1.0~1.5 】

AR	· 1.0~1.5는 그림이 70~80%를 차지하고, 2~3줄 문장이 있는 책
목표	· 읽기 자립(처음부터 끝까지 리더스북 혼자 읽기)
과정	· 먼저, 처음부터 끝까지 혼자 음독하기
	· 음독 후 CD 들으면서 따라 읽기

자신감도 습관이다.

'리더스북'은 영어 문장을 조금씩 읽기 시작하는 아이들이 혼자서 책을 읽을 수 있는 단계에 이르도록 하기 위해 만들어진 책이다. 유창하게 글을 읽지 못하는 아이들을 위해 내용이 그림으로 쉽게 표현돼 있다. 따라서 문자를 모두 이해하지 못해도 그림을 통해 내용을 유추해서 읽을 수 있다. 리더스북은 읽기 능력 향상을 위해 단계별로 만들어진 시리즈가 많으므로 아이 수준에 맞춰서 레벨을 올려가며 읽히기에 편리하다. 대부분 CD도 함께 판매한다.

그렇다면 그림책에서 리더스북으로 성공적으로 진입하기 위한 비법은 무엇일까?

바로 아이가 처음부터 끝까지 혼자 쉽게 읽을 수 있는 '만만한' 책을 주는 것이다. 처음 혼자 읽기를 시작하는 단계이므로 가장 중요한 것은 '내 힘으로 책을 읽을 수 있다'는 자신감을 심어주는 것이다.

리더스북부터는 과정이 조금 달라진다. 먼저 혼자서 처음부터 끝까지 음독한다. 그 다음 다시 처음부터 CD를 들으면서 소리 내어 책을 따라 읽는다. 이런 과정을 반복하면서 스스로 올바른 발음을 익히도록 한다. CD가 없는 책은 아이가 혼자 두 번 연속으로 읽는다. 아이가 먼저 발음을 물어볼 때는 가르쳐준다. 최소 3개월간 매일 한 권 이상 꾸준히 진행한다. 다음 장에서 읽기 자립을 완성해줄 1단계 리더스북 길잡이 책을 소개한다.

> 핵심 길잡이
> 아마존 베스트 셀러

《I Can Read Book》 시리즈 마이 퍼스트 레벨

[AR 0.8~1.1]

작가 : James Dean 외

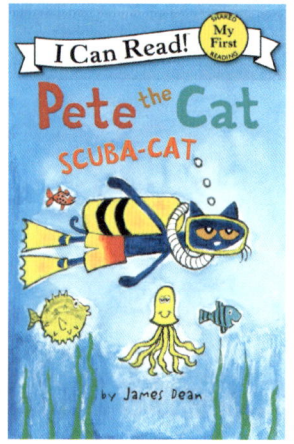

《Pete the Cat: Scuba-Cat》
- James Dean

처음 읽는 리더스북 중에서 가장 만만하고 재미있는 시리즈가 《I Can Read Book》 시리즈 중 '마이 퍼스트 레벨'이다. 총 30여 권이다.

강아지 'Biscuit', 흰 운동화를 신고 다니는 파란색 고양이 'Pete the Cat' 등 파닉스 완성 단계에서 보았던 귀여운 캐릭터들이 등장해서 거부감이 없다. 남자아이들이 좋아하는 캐릭터와 쉽고 공감할 수 있는 스토리로서 첫 번째 리더스북으로 제격이다. 금세 호감을 가지고 읽을 것이다.

> 핵심
> 길잡이

《I am Going to Read》 시리즈 레벨 1

[AR 1.0~1.5]

작가 : Emily Bolam 외

상호 '교감'이 중요한 남자아이가 게임처럼 즐기면서 읽을 수 있는 시리즈다.

《I am Going to Read》 시리즈는 책 구성이 독특하다. 아이들이 단어를 재미있게 습득할 수 있도록 흥미롭게 구성돼 있다.

책 상단에 본문에 쓰인 단어들이 적혀 있다. 먼저 책 상단에 있는 단어들을 미리 읽어보게 한다. 그리고 아래 본문에서 위의 단어를 찾아 손으로 짚어보고 읽게 한다. 발음이 틀리면 교정해주고 따라 읽도록 한다. 이와 같은 방법으로 처음부터 끝까지 상단 단어만 훑어본 후, 다시 처음부터 책을 읽는다. 모르는 단어라도 방금 읽어봤으므로 자신 있게 처음부터 끝까지 읽을 수 있다.

《Can You Play?》
- Emily Bolam

핵심
길잡이

《Mercer Mayer's Little Critter》 시리즈

【 AR 1.0~1.5 】

작가 : Mercer Mayer

총 24권이다. 'Little Critter'는 《I Can Read Book》 시리즈에도 포함돼 있다. 'Little Critter'라는 예쁘지는 않지만 귀여운 캐릭터가 주인공이다. 가족 관계에서 일어나는 해프닝, 쇼핑, 애완동물 키우기 등 저학년 일상생활에서 일어나는 문제를 해결하며 성장해가는 이야기다. 캐릭터 얼굴이 예쁘지 않다고 선뜻 읽지 않는 아이들도 있지만 대부분의 남자아이들이 좋아하는 필독서 중 하나다.

《Just Me and My Dad》

《All Aboard Reading》 시리즈 픽처 리더

【 AR 1.3 】

작가 : Jennifer Dussling 외

《Otto the Cat》
- Gail Herman

《Otto the Cat》 낱말카드

'픽치 리더Picture Reader'부디 '스데이션 3'까지 4단계로 구성돼 있다. 지금 시기에 읽으면 딱 좋은 픽처 리더 단계는 싫어하는 아이들을 못 봤을 정도로 재미있는 책이다. 문장 중간 중간 주요 단어들이 그림으로 그려져 있어서 그림을 보고 단어를 유추하며 읽을 수 있다. 총 20권이다.

반복해서 읽으면서 놀이도 할 수 있다. 책 뒷부분에는 그림과 단어가 각각 양쪽에 표기된 낱말카드Flash Card가 있다. 앞면에 그림, 뒷면에 단어가 쓰여 있다. 그림을 보고 무슨 단어인지 영어로 말하라고 한 후, 뒤집어서 단어 의미가 맞는지 맞춰보자. 아들이 흥미를 가지고 도전할 것이다.

《Usborne First Reading》 시리즈 레벨 1

[AR 1.5]

작가 : Mairi Mackinnon 외

레벨 1은 16권 구성이다. 어린이용 명작 모음집으로 생각하면 된다. 동화로 읽어본 고전문학을 포함해 판타지, 창작, 전설 및 신화 이야기가 쉽게 쓰여 있다. 어렵게 다가올 수 있는 내용인데도 아이들이 쉽게 느낀다. 형형색색 생동감 있는 그림은 남자아이들이 지루해하지 않고 흥미롭게 문학을 맛보게 한다.

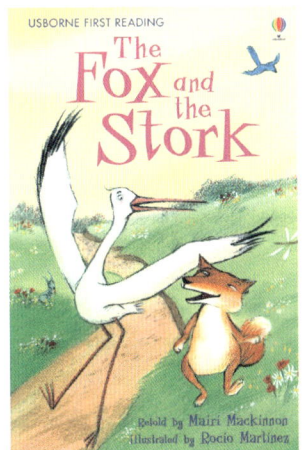

《The Fox and the Stork》
- Mairi Mackinnon

STEP 5

리딩 퀴즈, 시작은 2단계 리더스북으로!

【 AR 1.5~2.0 】

AR · 1.5~2.0은 그림이 50~60%를 차지하고, 글이 40~50% 정도 있는 책
목표 · 리딩 퀴즈로 정독 습관들이기
과정 · 하루 한 권을 처음부터 끝까지 정독하고 퀴즈 풀기

리딩 퀴즈로 정독 습관들이기

아이들뿐 아니라 성인에게도 시험을 자주 보는 것은 매우 효과적인 학습법이다. 같은 단어를 공부해도 암기만 반복한 학생은 시험에서 30점을 받고, 시험을 자주 보며 공부한 학생은 80점을 받았다는 조사 결과도 있다(《강성태 영단어 어원편》 p.13 인용).

시험 문제를 풀기 위해 알고 있는 지식을 총동원하여 고민하게

된다. 즉, 본인도 모르게 짧은 시간에 집중하고 사고를 확장하게 되고 깊이 생각하며 복습하게 되는 것이다.

　책을 읽고 이해도를 측정하는 '퀴즈'를 보는 것은 읽은 책 전체를 곱씹게 되는 계기가 된다. 《10살 영어자립! 그 비밀의 30분》에서도 강조했지만 책 읽고, 문제 풀고, CD를 듣는 '3 스텝' 과정은 영어자립을 위한 필수 과정이다. 여기서 문제를 푸는 과정은 시험이라기보다는 간단한 리뷰 퀴즈 정도다. 아이가 스트레스 받지 않도록 해야 한다.

　CD를 들으면서 책 읽기와 CD 없이 정독하기를 번갈아 하면 좋다. AR 3.5 이상 책은 CD를 듣는 시간이 오래 걸리므로 책만 읽고 퀴즈를 풀어도 된다. 하지만 우리는 영어권에 살지 않으므로 기회가 될 때마다 원어민 CD를 듣도록 하자. CD를 듣는 것은 '귀로 읽는 것'과 같다. 듣기Listening, 읽기Reading, 말하기Speaking 모든 영역을 향상시키는 가장 효과적인 방법 중 하나다. 원어민 선생님과 함께 있는 것과 같다.

　책이 두꺼워지면서 아이들이 CD 듣기를 지루해하기도 한다. 이때는 무리하게 CD를 듣게 하지 말고 챕터 1만 듣는다든지 페이지수를 정해 일정 부분만 듣는 것으로 대체한다. 중요한 것은 앞서 이야기했듯 아이에게 부담을 줘서는 안 된다.

　과정을 정리해보자.

❶ 3~10분, 소리 내어 **책을 읽는다.**

❷ 나머지 부분은 집중해서 눈으로 읽는다.

❸ 사이트(www.bookadventure.com)에서 리딩 퀴즈를 푼다.

❹ CD를 듣는다(퀴즈 풀기 전에 먼저 CD를 들으면서 읽어도 된다).

> **꿀팁** 무료 리딩 퀴즈 사이트

미국에서 자선기금으로 운영하는 무료 리딩 퀴즈 사이트(www.bookadventure.com)가 있다. 미국 유치원 수준부터 중학교 수준까지 약 8,800여 권의 영어책에 관한 독해 퀴즈를 제공한다. 우리 아이들에게 충분한 양이라고 할 수 있다.

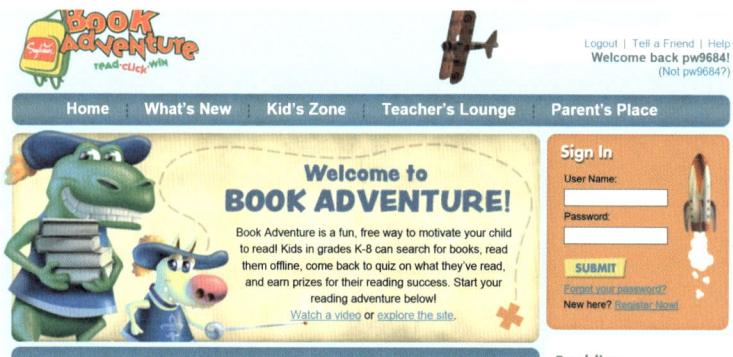

bookadventure 메인페이지에서 무료로 회원 가입을 한다.

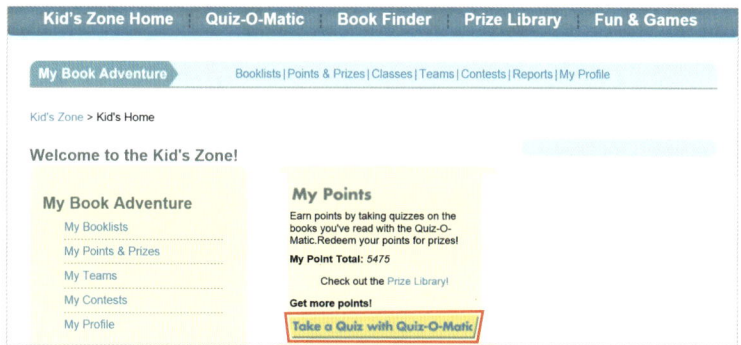

노란색 'Take a Quiz with Quiz-O-Matic' 바를 누르고 찾는 책 제목을 입력하면 퀴즈가 나온다.

문제 수는 난이도에 따라 5~10개가 출제된다. 5개 중 3개, 10개 중 6개 이상 정답을 맞히면 책을 제대로 이해한 것이다. 정답률이 이보다 적을 때는 책을 한 번 더 읽고 다시 문제를 풀어보게 한다. 이러한 방법을 반복함으로써 정독하는 습관을 들일 수 있다.

또 하나 좋은 점은 아이가 책을 정독했는지 엄마가 일일이 물어보며 확인할 필요가 없다는 것이다. 퀴즈의 정답 수를 보면 객관적인 이해도를 확인할 수 있다.

처음에 문제 풀이 습관을 들일 때는 퀴즈가 있는 책 위주로 책을 선정한다. 독서량이 늘어나면서 퀴즈가 없는 책이 늘어나기 마련인데 이때는 문제 풀이를 생략하고 책만 읽어도 된다. 아이가 스스로 즐기면서 책을 읽는 것이 무엇보다도 중요하다.

리딩 퀴즈를 시작할 때도 책이 핵심이다. 리딩 퀴즈의 시작을 《I Can Read Book》 레벨 1로 시작해보자.

> 핵심
> 길잡이

《I Can Read Book》 시리즈 레벨 1

[AR 1.3~2.3]

작가 : Nathaniel Benchley 외

《I Can Read Book》 시리즈는 1957년 《Little Bear》 시리즈로 시작해 570종이 넘는 책이 출간됐다. 영국 《Oxford Reading Tree》와 더불어 영어를 배우는 아이들을 위해 만들어진 미국 책이다.

모험, 미스터리, 시, 역사, 소설, 유머 등 방대한 주제와 내용을 담고 있고, 유명 작가들을 포함해 다양한 작가 시리즈로 구성돼 있어서 지루할 틈이 없다.

수준을 높여가며 읽을 수 있도록 마이 퍼스트 레벨부터 레벨 4까지 5단계로 구성돼 있고, 우리나라에는 250여 종이 판매되고 있다. 이 중 레벨 1은 90여 권이다.

《I Can Read Book》 시리즈 레벨 1은 리딩 퀴즈를 처음 시작할 때 딱 알맞은 책이다. 많은 도서관에 구비돼 있는 책이므로 대여해 읽거나, 아이가 좋아하는 시리즈 위주로 구매해 읽어보자.

《I Can Read Book》 시리즈 레벨 1은 AR 1.3 부터 2.3 정도이고 미국 초등학교 1~2학년 수준이다. 레벨 1에서 남자아이들이 그림만 보고도 좋아하는 세 시리즈를 뒤에 수록한다. 수록한 시리즈부터 읽고 리딩 퀴즈를 시작해보자.

《I Can Read Book》 시리즈 레벨 1

《Dixie》 시리즈

【 AR 1.3 】

작가 : Grace Gilman

귀여운 강아지 'Dixie'는 주인 'Emma'와 질친이다. 주인공이 여자아이지만 남자아이들이 한 권 읽어보면 나머지 시리즈 더 없냐며 찾아 읽어보는 시리즈다. 얇고 쉬운 책이므로 리딩 퀴즈를 어렵지 않게 풀 수 있다.

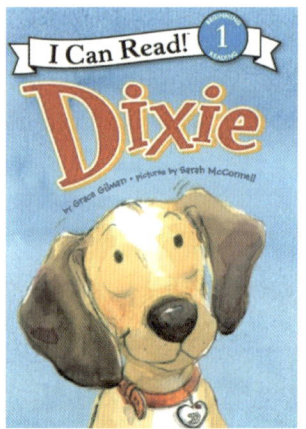

《Dixie》

《Dixie and the School Trip》

《I Can Read Book》 시리즈 레벨 1

칼데콧 수상

《Little Bear》 시리즈

【 AR 1.5~2.2 】

작가 : Maurice Sendak

쉬운 단어로 구성돼 있으면서도 약간의 두께감이 있는 책으로 내공을 쌓아보자. 《Little Bear》 시리즈는 잔잔하고 아름다운 이야기다. 흑백 그림에 한 가지 색으로 칠해진 단조로운 그림이 마음을 편안하게 해준다. 주인공 'Little Bear'의 가족과 친구 사이에서 일어나는 일상 이야기로 다정한 엄마와 순진하고 장난꾸러기인 아기 곰의 이야기는 남자아이들이 미소를 지으며 읽게 한다. 32페이지, 64페이지로 구성된 책도 있지만 페이지마다 문장이 5줄 정도이고 단어가 쉬워서 아이들이 편하게 읽을 수 있다.

《Little Bear's Visit》

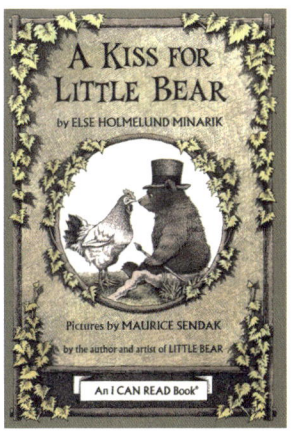

《A Kiss for Little Bear》

《I Can Read Book》 시리즈 레벨 1

《Danny and the Dinosaur》 시리즈

【 AR 1.3~2.2 】

작가 : Syd Hoff

남자아이들은 공룡을 좋아하지 않더라도 관심은 있는 것 같다. 귀여운 공룡과 소년 'Danny' 이야기로 흥미를 끌어보자.

대다수의 《I Can Read Book》 시리즈 리딩 퀴즈가 북어드벤처 사이트에 수록돼 있다. 레벨 1에 해당하는 책 50권 이상을 읽고 리딩 퀴즈를 풀어보자. 그리고 레벨 2로 넘어가면 자연스럽게 읽기 수준이 올라간다.

《Danny and the Dinosaur》

《Happy Birthday, Danny and the Dinosaur!》

《Danny and the Dinosaur Go to Camp》

STEP 6

3단계 리더스북으로
영어자립 초석 다지기

【 AR 2.1~2.9 】

AR · 2.1~2.9는 챕터 3~4장, 약 30~60페이지로 구성돼 있는 책
목표 · 챕터북으로 넘어가기 위한 초석 다지기
과정 · 매일 한 권씩, 챕터북 형식의 리더스북 읽고 리딩 퀴즈 풀기

이제 챕터북 형식, 내용별로 파트가 나뉘져 있는 3단계 리더스북을 읽음으로써 챕터북의 세계로 가까이 다가서 보자. 강건한 몸의 기틀은 튼튼한 근육이다. 지금 '영어 근육'을 단단히 키워야 앞으로가 편하다. 오랜 시간을 투자하여 다양하고 풍부한 리더스북을 읽음으로써 리더스북 '언덕'을 쌓아야 한다. 넓고 높은 언덕을 쌓을수록 챕터북으로 술술 넘어갈 수 있다.

기본은 일단 '많이 읽어야 한다'는 것이다. 지금 시기는 무조건

많이 읽어야 한다. 부모가 계속 쫓아다닐 수 없기 때문에 책을 많이 읽으려면 스스로 읽어야 한다. 어떻게 하면 스스로 책을 읽을까? '재미'있으면 된다. SETP 6은 미국 초등학교 2학년 수준의 책을 보게 되면서 책이 조금씩 두꺼워지는 시기다. 이럴 때일수록 더욱더 재미를 느낄 수 있는 책을 안겨줘야 한다.

다음 장에 나오는 리스트는 남자아이들이 책 내용에 '쏙' 빠져서 읽을 수밖에 없는 길잡이 책이다. 모두 읽어보길 바란다. 다독익선多讀益善, 많은 시간, 많이 읽을수록 좋다!

정독하고 퀴즈를 푸는 습관을 들이기 위해 하루에 한 권은 리딩 퀴즈를 풀도록 한다. 두 권 이상 읽을 때에는 리딩 퀴즈는 한 권의 책만 풀어도 된다.

《I Can Read Book》 시리즈 레벨 2

《Big Max》 시리즈

【 AR 2.1 】

작가 : Kin Platt

간단한 문장으로 구성돼 있고 대화체가 많아서 술술 읽을 수 있다. 주인공 'Big Max'가 우산을 타고 날아서 이동하는 설정이 재미있고 실마리를 찾아 사건을 해결하는 탐정 이야기라서 남자아이들이 흥미로워한다. CD 원어민 목소리도 생동감 있다. CD를 함께 들려주며 읽어보자. 《Big Max》, 《Big Max and the Mystery of the Missing Giraffe》, 《Big Max Book and Tape》 등이 있다.

《Big Max》

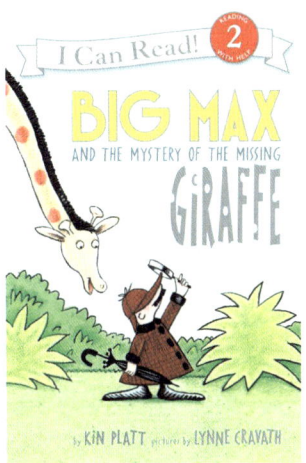

《Big Max and the Mystery of the Missing Giraffe》

《I Can Read Book》 시리즈 레벨 2

《Arthur》 시리즈

【 AR 2.5~2.9 】

작가 : Lillian Hoban

 침팬지 'Arthur'와 여동생 'Violet'의 일상에서 일어나는 일들이 소재다. 잔잔한 감동과 교훈이 있다. 《Arthur's Camp-Out》, 《Arthur's Great Big Valentine》, 《Arthur's Funny Money》, 《Arthur's Honey Bear》, 《Arthur's Back to School》, 《Arthur's Birthday Party》 등의 시리즈가 있다.

《Arthur's Camp-Out》

《Arthur's Funny Money》

《The High-Rise Private Eyes》 시리즈

【 AR 2.3 】

작가 : Cynthia Rylant

'Bunny Brown'과 'Jack Jones'는 대도시 고층 빌딩에 사는 탐정이다. 꼼꼼하게 자료를 조사하는 'Bunny'와 허당으로 보이지만 염탐을 잘하는 'Jack'이 영리하게 사건을 해결한다. 연필로 쓱싹쓱싹 그린 듯한 친근감 있는 그림은 책을 자꾸 보고 싶게 한다.

《The Case of the Missing Monkey》, 《The Case of the Climbing Cat》, 《The Case of the Puzzling Possum》, 《The Case of the Fidgety Fox》, 《The Case of the Sleepy Sloth》 등이 있다.

《The Case of the Missing Monkey》

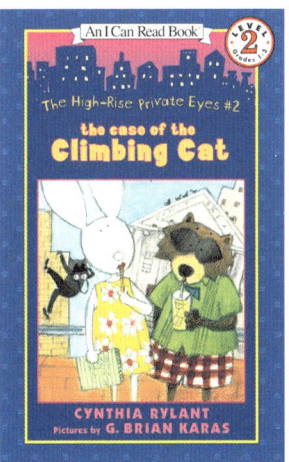

《The Case of the Climbing Cat》

《I Can Read Book》 시리즈 레벨 2

《Frog and Toad》

【 AR 2.9 】

작가 : Arnold Lobel

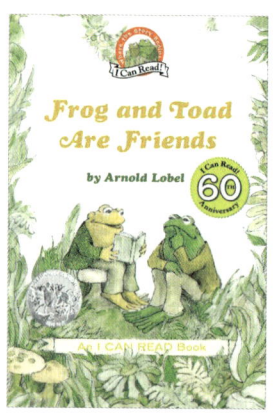
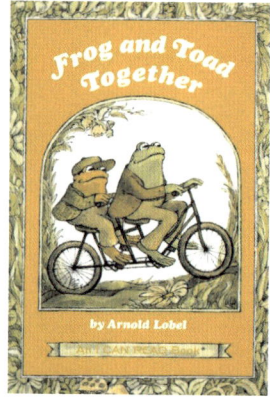

《Frog and Toad are Friends》 《Frog and Toad Together》

　《Frog and Toad》 시리즈는 챕터북을 읽기 전에 정독해야 할 필독서다. 《Frog and Toad are Friends》는 1971년 칼데콧상을 수상했고 《Frog and Toad Together》는 뉴베리상을 받았다. 개구리Frog와 두꺼비Toad의 우정을 그린 이야기로 미국 교과서에도 수록돼 있다. 두 친구는 서로 조언을 하면서 문제를 해결하고 서로가 있기에 외롭지 않다. 엄마와 아들이 한 페이지씩 번갈아 읽어보자. 따뜻한 이야기는 아들과의 관계를 돈독하게 해줄 것이다.

《Froggy》 시리즈

【 AR 2.0~2.5 】

작가 : Jonathan London

《I Can Read Book》 레벨 2를 읽기 전에 《Froggy》 시리즈부터 읽는 것도 좋다. 장난스런 'Froggy' 이야기는 남자아이들이 감정 이입하여 읽는다. 원어민 아이들이 매일 사용하는 단어와 문체로 구성돼 있다. 특히 의성어, 의태어가 구체적인 상황에서 자주 등장해서 살아있는 '아이들 영어'를 습득할 수 있게 해준다. 총 16권으로, 책을 읽어주는 영상은 파트Ⅲ의 QR코드를 참조하기 바란다.

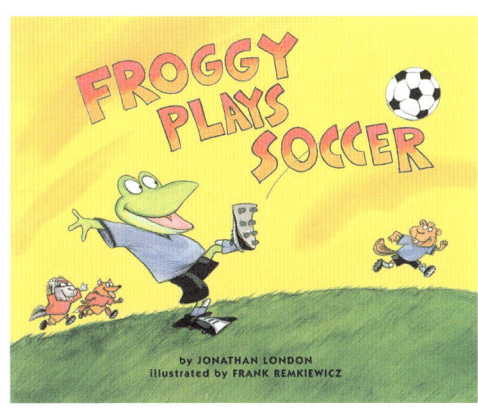

《Froggy Plays Soccer》

핵심
길잡이

《Oxford Reading Tree》 시리즈 스테이지 5

【 AR 2.0 】

작가 : Roderick Hunt 외

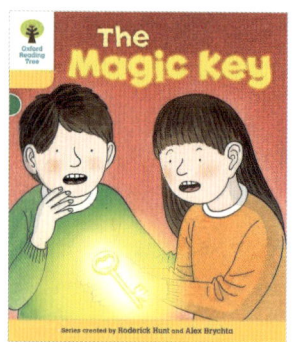

《The Magic Key》
- Roderick Hunt

영국 대표 리더스북 《Oxford Reading Tree ORT》. 주요 스토리북은 1단계부터 9단계로 구성돼 있다. 5단계는 AR 2.0 정도다.

모든 단계를 구매해서 집에 쌓아두고 비닐 포장도 뜯지 않은 사람들을 종종 본다. 아이에게 맞는 단계만 뽑아 읽힐 것을 권한다.

미국 초등학교 2학년 수준인 《ORT》 스테이지 5는 기승전결이 명확하고 마술 열쇠를 가지고 과거를 여행하는 모험 이야기가 펼쳐진다. 얇은 책이지만 앞의 스토리가 궁금해서 상상하며 읽게 된다. 문장이 길지 않으면서도 다양하므로 여러 형식의 문장을 익힐 수 있다. 총 24권이고 스토리가 연결되므로 1권부터 읽으면 더 흥미롭다.

《Fly Guy》 시리즈

[AR 2.0]

작가 : Tedd Arnold

튀어나올 것 같은 왕방울 눈을 가진 파리 'Fly Guy'와 개구쟁이 소년 'Buzz'가 함께 하는 유쾌한 이야기다. 특히 남자아이들이 좋아하는 지저분하지만 영리한 파리 캐릭터는 한번 책을 보면 눈을 떼지 못하게 하는 마력이 있다. 남자아이들 중에 《Fly Guy》를 싫어하는 아이를 못 봤을 정도다.

《Hi! Fly Guy》

보통 3개의 챕터로 구성돼 있다. 총 14권의 시리즈 중 AR 1점 후반대도 있지만 챕터가 나눠져 있으므로 미국 초등학교 2학년 초반 수준으로 생각하면 된다.

유튜브에 《Fly Guy》 책을 읽어주는 영상도 있으므로 동영상을 통해 책을 맛보게 하는 것도 좋다. 동영상은 파트Ⅲ의 QR코드를 활용해서 시청하면 된다.

《Arthur Adventure》 시리즈

【 AR 2.0~3.0 】

작가 : Marc Brown

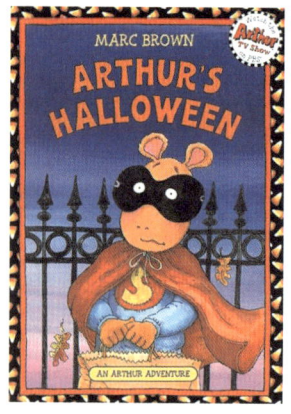

《Arthur's Halloween》

앞서 말한 《I Can Read Book》의 《Arthur》 시리즈와는 주인공 이름만 같은 다른 책이다. 책을 구할 때에는 작가명을 보고 선택하면 된다.

AR 1.8~2.0 수준의 《Arthur Starter》가 있고, AR 3.1~3.3대인 챕터북 《Arthur》 시리즈도 있으므로 레벨을 올려가며 읽을 수 있는 장점이 있다. 캐릭터들이 명랑하고 깜찍해서 저학년 아이들이 좋아한다. 장난꾸러기 여동생과의 일상생활, 캐릭터들과의 학교생활이 주요 내용이고 그 속엔 끈끈한 가족애가 있다. 미국 공영방송 PBS KIDS에서 만화 시리즈를 방영했고 에피소드를 유튜브에서 무료로 볼 수 있다. 파트Ⅲ에 수록한 QR코드로 바로 시청 가능하다.

> 핵심 길잡이

《Step into Reading》 시리즈 레벨 3

[AR 2.5~2.9]

작가 : Frank Murphy 외

한 페이지에 그림, 다음 페이지에 10줄 정도의 문장이 있다. 48페이지 분량으로 역사적 사실을 재미있게 풀어낸 이야기, 위인전 및 자연과학, 논픽션 등 60여 권으로 구성돼 있다. 아이들이 어렵게 생각할 수 있는 논픽션과 위인전을 거부감 없이 즐겁게 접할 수 있다는 큰 장점이 있다. 한번 읽고 가야 할 필독서 중 하나다.

《Space: Planets, Moons, Stars, and More!》
- Joe Rhatigan

《George Washington and the General's Dog》
- Frank Murphy

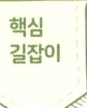

핵심 길잡이

《Henry and Mudge》 시리즈

【 AR 2.3~2.8 】

작가 : Cynthia Rylant

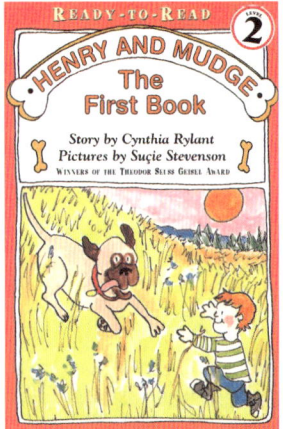

《Henry and Mudge The First Book》

뉴베리상과 칼데콧상을 두 번이나 수상한 'Cynthia Rylant' 작가 작품이다. 미국 초등학교 교과서에도 실려 있고, 미국 초등교사협회 추천 도서이기도 하다. 사랑스러운 남자아이 'Henry'와 귀염둥이 강아지 'Mudge'의 우정을 그린 이야기다. 처음 'Henry'와 'Mudge'가 만나는 이야기부터 읽어보자. 서정적인 내용과 반복되는 문구 때문에 쉬운 문학작품을 읽는 느낌이다. 3~4개의 챕터로 나눠져 있고 26권 구성이다.

《Mr. Putter and Tabby》 시리즈

【 AR 2.5~2.9 】

작가 : Cynthia Rylant

《Henry and Mudge》를 쓴 작가의 또 다른 작품으로 총 16권이다. 《Henry and Mudge》보다 조금 난이도가 있으므로 《Henry and Mudge》를 모두 읽고 바로 읽으면 효율적이다. 시리즈 중 2권 정도가 AR 3점이지만 전반적으로 2점 후반이다. 3~4개의 챕터로 구성돼 있다.

《Mr. Putter & Tabby Write the Book》

고양이 'Tabby'와 함께 사는 할아버지 'Mr. Putter'는 어릴 적 작가가 꿈이었던 것을 떠올리고 글을 쓰기 시작한다. 추리소설을 쓰고 싶어서 밤새 글을 쓰지만 잘 안 된다. 그래서 포기하고 본인이 좋아하는 것들을 써 내려간다. 노란 고양이Yellow cats, 오래된 스웨터Old sweaters, 시나몬 토스트Cinnamon toast, 비Rain 등. 원하는 글을 쓰지 못한 것에 실망한 Mr. Putter 할아버지는 친구인 할머니 Mrs. Teaberry에게 자기는 글도 못 쓰고 좋아하는 것만 늘어놨다고 쓴 것을 보여주며 슬프게 얘기한다. 그러자 Mrs. Teaberry가 얘기한다. "당신은 멋진 작가에요. 세상에 추리소설 작가들은 넘쳐나지만, 내가 좋아하는 것들을 쓸 수 있는 작가들은 흔하지 않아요The world is full of mystery writers. But writers of good things are few and far between."

이야기를 듣고 Mr. Putter 할아버지는 더 이상 슬퍼하지 않는다. 《Mr. Putter and Tabby Write the Book》 내용이다. 어른의 감성도 자극하는 동화다. 엄마도 함께 읽어볼 것을 권한다. 파트Ⅲ QR코드를 참조하여 책을 보여주며 읽어주는 동영상을 함께 활용해보자.

아마존
베스트
셀러

《The Berenstain Bears》 시리즈

[AR 1.8~3.9]

작가 : Jan Berenstain 외

사랑이 넘치는 곰 가족 이야기다. 형제, 친구들과의 관계, 바른 예절에 관한 에피소드를 통해 엄마가 해야 할 잔소리도 대신해주고 인성과 사회성을 기르게 해준다. 할로윈, 부활절, 생일, 캠핑 등 다양한 미국 관습과 예절도 경험할 수 있다.

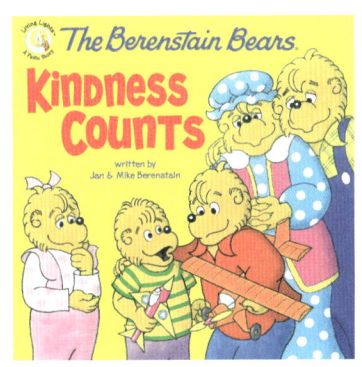

《Kindness Counts》
- Jan Berenstain

AR 레벨이 미국 초등학교 1학년 수준부터 3학년 후반까지로 넓게 분포돼 있지만 리더스북을 마무리하는 의미에서 지금 읽고 넘어가자. 총 60권이다. AR 3.9인 책도 있지만 두껍지는 않아서 아이들이 심리적으로 편하게 느낀다.

캐나다 PBS에서 제작해 TV 만화로 방영됐고 유튜브에서 무료로 시청할 수 있다. 파트Ⅲ의 QR코드를 참조하여 동영상을 즐겨보자. 책 내용과 중복되는 것도 있어서 아이들이 즐겁게 본다.

과학동화

《Let's Read and Find Out Science》 시리즈

【 AR 2.3~3.9 】

작가 : Dr. Franklyn M. Branley 외

'과학'이라고 하면 어렵다는 생각부터 하는 부모들이 많다. 그래서 과학 분야는 특히 쉽게 접근해야 할 것 같다. 《Let's Read and Find Out Science》는 어려운 과학 이야기를 쉽고 간단하게 설명한다. 분야별로 우리 몸, 다양한 동물, 식물들의 세계, 바람, 공기, 계절, 물, 산, 지구, 별, 달, 행성 등의 우주까지 여러 분야 과학 이야기를 담고 있다.

내용이 어렵지 않아서 리더스북을 읽는 아이들이 수월하게 읽을 수 있다. 60여 권이 있는데 1, 2단계에 해당하는 40권 정도만 읽

《The Planets in Our Solar System》
- Dr. Franklyn M. Branley

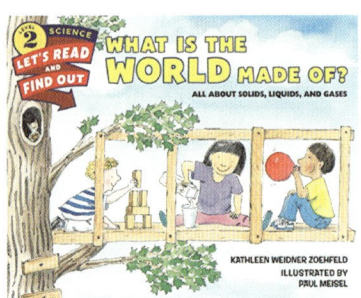

《What Is the World Made of?:
All about Solids, Liquids, and Gases》
- Kathleen Weidner Zoehfeld

어봐도 관심 분야를 확장하고 과학 지식을 쌓는 데 도움이 된다.

과학, 생물에 관한 용어 때문에 AR 3.9로 레벨이 높은 책도 있지만, 32페이지로 분량이 많지 않고 모든 책에 그림이 예쁘고 상세하게 그려져 있어서 어렵다는 느낌이 들지는 않는다. 아이들이 관심만 있으면 수준이 조금 높아도 읽을 수 있다.

STEP 7

챕터북을 만만하게!
쉽게 읽을 수 있는 초기 챕터북

【 AR 2.9~3.5 】

AR · 2.9~3.5는 50~80페이지, 5~10개 챕터로 구성된 책
목표 · 쉬운 초기 챕터북으로 챕터북에 익숙해지기
과정 · 초기 챕터북 하루에 한 권 읽기

리더스북을 매일 읽음으로써 챕터북으로 가기 위한 준비를 마쳤다. 리더스북을 읽은 후에 바로 챕터북으로 넘어갈 수도 있지만 아이들이 거부감을 표할 수도 있다. 리더스북과 챕터북은 이름이 말해주듯 차이가 있기 때문이다.

책이 두꺼운 리더스북이라 하더라도 대부분 흰색 종이와 컬러 그림으로 구성된다. 하지만 챕터북은 기본적으로 재생지, 회색의 얇은 종이고 그림이 거의 없다. 그림이 있다고 해도 간간이 흑백

그림 뿐이다. 아이들은 익숙하지 않은 형태 자체에 거부감을 느낄 수 있다. 거부감을 줄이고 챕터북을 읽을 수 있다는 자신감을 심어주기 위해 '초기 챕터북'은 선택이 아니고 필수로 거쳐야 할 중요한 과정이다.

초기 챕터북은 이름 그대로 챕터가 나눠져 있다. 그런데 좀 만만한 챕터북이라고 생각하면 된다. 리더스북 정도의 두께인 것도 많고 대부분 컬러로 구성돼 있다. '초기 챕터북'을 충분히 읽으면 부담스럽지 않게 챕터북 세계로 점프할 수 있다.

다음에 나올 길잡이 책들을 순서대로 시리즈를 끝내가며 읽어보자. 조금씩 단계를 높여가면서 읽게 되므로 아이들이 부담스럽지 않게 레벨을 올릴 수 있다.

《Chameleons》 시리즈

【 AR 2.8~3.3 】

작가 : Karen Wallace

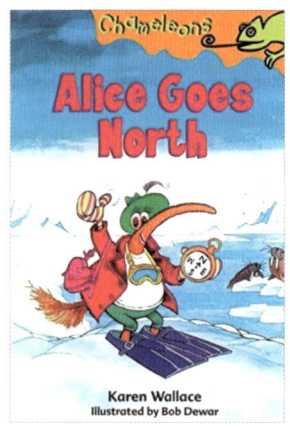

《Alice Goes North》

챕터북을 처음 접할 때의 거부감을 '싹' 없애줄 첫 번째 초기 챕터북으로 적격이다. 표지와 제목부터 아이 흥미를 끌기에 충분하다. 책의 글과 그림이 50% 정도 비율이다. 48페이지, 5개 챕터로 구성돼 있다.

'Alice'는 누구의 이름일까? 바로 개미핥기Anteater다. 크리스마스 선물을 왜 받지 못하는지 알아보기 위해 북극으로 떠나는 Alice. 《Alice Goes North》는 산타클로스에게 동물들이 크리스마스 선물을 받지 못하는 이유를 따지러 가는 이야기다. 아이들의 상상력을 자극하는 내용이다. 모두 컬러로 구성되어 있고 캐릭터 생김새도 재미있다.

> 핵심
> 길잡이

《Comic Rockets》 시리즈

【AR 2.3~3.0】

작가 : Michaela Morgan 외

유머러스한 이야기를 좋아하는 남자아이들이 푹 빠져서 읽는다. 강아지 'Sausage', 악어 'Mr Croc', 강아지 옷을 입은 여동생 'Sara'의 별명 'Rover' 등 코믹한 주인공들의 에피소드로 구성돼 있다. 총 24권이다. 우스꽝스런 내용으로 잔잔한 재미와 감동이 있다.

흑백 그림인데도 페이지마다 나오는 코믹한 그림과 재치 있는 말풍선은 아이들이 부담 없이 책장을 넘기게 한다. 말풍선 대화가 재미있어서 말풍선 내용만 다시 읽는 아이들도 있다. 한마디로 만화 같은 그림 챕터북이다. 5개 챕터로 구성돼 있는데 한 챕터가 5~6페이지로 짧기 때문에 거부감 없이 챕터북 형식에 익숙해진다. 특히 영어책 읽기를 싫어하는 남자아이에게 추천한다. 다른 책은 눈길도 안 주던 남자아이들이 《Comic Rockets》 시리즈는 스스로 골라서 잘 읽는 경우를 많이 봤다.

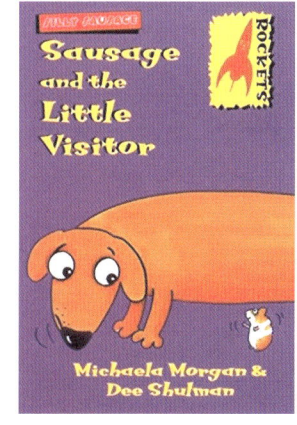

《Sausage and the Little Visitor》
- Michaela Morgan

핵심
길잡이

《Nate the Great》 시리즈

【AR 2.0~2.9】

작가 : Marjorie Weinman Sharmat

《Nate the Great》

리디스북에서 챕터북으로 넘어가기 전 필수로 읽어야 하는 핵심 길잡이 《Nate the Great》. 40년 동안 스테디셀러로 읽혀온 책이니 이미 충분히 검증된 책이다.

《Nate the Great》는 꼬마 명탐정이 아이들 사건을 해결해가는 이야기다. '추리' 장르는 어른이건 아이건 책 속에 몰입하게 하는 매력이 있다.

'Nate'는 천재 탐정 소년으로 고양이를 보고 단서를 찾고 종이 쪼가리 하나의 실마리로 사건을 해결한다. 길지 않은 내용이지만 이야기 전개가 흥미진진하다. 범인을 찾으려고 단숨에 책장을 넘기게 된다. AR 레벨이 보여주듯이 총 30권을 모두 읽으면 미국 초등학교 2학년의 읽기 수준으로 끌어올릴 수 있다.

챕터북을 거부하는 아이들에게 《Nate the Great》를 읽게 하니 부담 없이 즐겁게 읽는 경우를 많이 보았다. 《꼬마 명탐정 네이트》라는 제목으로 우리나라에 번역본이 있지만 원서를 먼저 보자. 제목부터 말맛이 다르다. 1권은 AR 2.0으로 지금까지 읽어온 리더스북보다 어렵지 않다. 1권부터 읽어서 챕터북에 대한 자신감을 갖고 추리소설의 재미를 느끼기 바란다.

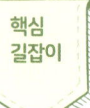

핵심 길잡이

《Roscoe Riley Rules》 시리즈

【 AR 2.7~3.0 】

작가 : Katherine Applegate

《Never Glue Your Friends to Chairs》

《Nate the Great》만큼 챕터북을 거부하는 아이들에게 권했을 때 성공률이 높은 책이다.

장난기 많은 미국 초등학교 1학년 남자아이 이야기다. 어른들은 상상할 수 없는 기발한 생각은 책을 읽는 아이들을 웃겨서 뒤로 넘어가게 만든다. 7권으로 구성돼 있다. 챕터북을 읽기 싫어하던 아이가 시리즈 7권을 매일 한 권씩 끝내는 모습을 보고 아이들이 정말 즐겁게 읽을 수 있는 책이라는 생각이 들었다.

챕터는 나뉘어 있지만 글이 짧고 그림도 충분히 있어서 챕터북에 지레 겁먹는 아이들에게 추천하면 효과적이다. 한마디로 쉽고 재미있어서 누구나 좋아하는 책 중 하나다.

《Easy to Read Spooky Tales》 시리즈

【 AR 2.6~3.0 】

작가 : Veronika Martenova Charles

남자아이들이 좋아하는 장르 중에 호러를 빼놓을 수 없을 것 같다. 영어 도서관에서 아이들을 만나보면 올 때마다 '호러'와 '몬스터' 책만 고집하는 아이들이 있다. 이런 아이들에게는 처음에는 아이들의 취향에 맞는 책을 접하게 하는 것이 좋다. 처음에 좋아하는 장르 위주로 읽게 하고 나중에는 관심이 없는 분야의 책도 조금씩 권해보는 방법으로 접근하는 것이다.

《Don't Walk Alone at Night!》

《Easy to Read Spooky Tales》 시리즈는 간단한 문장으로 쓰여 있으면서도 아이들의 감성을 자극한다. 으스스한spooky 이야기라고는 하지만, 세계 전래동화 같은 느낌도 들고 교훈도 있으며 신선한 반전도 있다. 20권 시리즈다. 56페이지며 챕터처럼 7개 파트로 나눠져 있다.

《Seriously Silly Colour》 시리즈

【 AR 2.5~3.1 】

작가 : Laurence Anholt

《Cinderboy》

영국의 권위 있는 문학상 '스마티즈 상' 등 여러 수상 경력으로 유명한 작가 'Laurence Anholt' 작품이다. 우리가 잘 알고 있는 명작을 새로운 아이디어로 유머러스하게 패러디했다. 《Sleeping Beauty 잠자는 숲속의 미녀》를 《Bleeping Beauty 삐삐 소리가 나는 미녀》로, 《Hansel and Gretel 헨젤과 그레텔》을 패러디한 《Handsome and Gruesome 잘생김과 소름 끼침》 등 제목만 봐도 재미있다. 아이들이 이미 아는 내용의 명작이라서 두려움 없이 손을 뻗게 되고 읽어보면 신선한 반전이 있어서 더욱 좋아한다. 《Seriously Silly Colour》 시리즈를 읽고 챕터북 버전인 《Seriously Silly》 시리즈도 읽어보자.

> 핵심
> 길잡이

《Calendar Mysteries》 시리즈

[AR 2.8~3.1]

작가 : Ron Roy

《A to Z Mysteries》 작가인 'Ron Roy'가 쓴 추리 이야기다. 《A to Z Mysteries》 주인공들의 동생들이 이야기를 이끌어간다. 추리 동화지만 어렵지 않고 이야기 전개도 단순하다. 책 제목이 《February Friend》, 《May Magic》과 같이 1~12월까지 달력의 월로 시작한다. 각 권마다 'Valentine's Day', 'St. Patrick's Day', 'Easter' 등 그 월에 해당하는 기념일이 나와 미국 문화를 이해하는 재미도 있다.

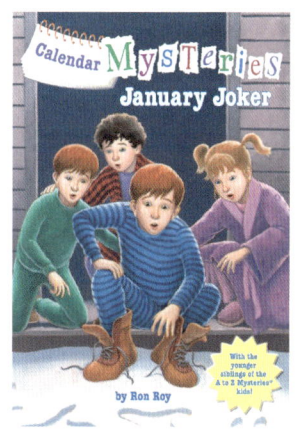

《January Joker》

《Commander Toad》 시리즈

【 AR 3.1~3.5 】

작가 : Jane Yolen

《Commander Toad in Space》

Toad 신장과 세 명의 대원들이 우주여행에서 겪는 모험을 다룬 이야기다. 7권의 시리즈가 있다. 소재가 남자아이들이 좋아하는 우주선과 우주, 외계인이라서 접근하기가 좋다.

64페이지로 책 두께가 있지만 페이지마다 흑백과 컬러 그림이 번갈아 들어있고 그림 반, 글 반의 구성이므로 아이가 체감으로 느끼는 난이도는 더 쉽다.

> 핵심
> 길잡이

《Horrible Harry》 시리즈

【 AR 3.0~3.5 】

작가 : Suzy Kline

미국 초등학교 2, 3학년 교실이 배경이다. 작가 'Suzy Kline'은 초등학생들을 가르치며 이 책을 쓰기 시작했다고 한다. 아이들의 학교생활을 상세히 보여주고 있어서 미국 저학년 학교 문화를 이해하는 데 도움이 된다.

시리즈 중에 'Harry'가 좋아하는 한국 여자아이 'Song Lee'가 나온다. 아이들이 한국 친구가 나오므로 더 좋아한다.

《Horrible Harry Moves up to Third Grade》

《Ready Freddy》 시리즈

[AR 3.3]

작가 : Abby Klein

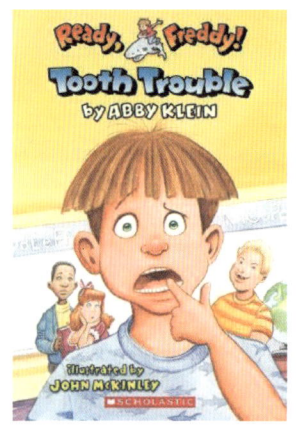

《Tooth Trouble》

매우 현실적인 주인공, 아주 사실적인 상황, 미국 학교에서 일상적으로 쓰는 영어 표현을 맛볼 수 있다. 학교가 배경이고, 교실에서 사용하는 현실적인 단어가 등장해서 학교 생활영어를 배우기에 최적인 책 중 하나다.

추수감사절, Show-and-tell물건 가져와서 발표하기 등 미국 학교 문화도 알 수 있다. 무엇보다도 재미있다. 우리가 학교생활에서 늘 봐왔던 캐릭터들이 등장해 아이들이 동질감을 느끼며 읽는다. 10개 챕터, 95페이지로 조금 두껍지만 내용이 쉬워서 가볍게 읽을 수 있다. 《Ready Freddy》를 읽으면서 앞으로 점점 두꺼워질 챕터북에 거부감 없이 익숙해지자. 총 28권이다.

> 핵심
> 길잡이

《Marvin Redpost》 시리즈

【 AR 2.8~3.5 】

작가 : Louis Sachar

이제 지금까지 단련한 영어 근육으로 '초기 챕터북'이지만 좀 더 책 두께가 있는 챕터북으로 넘어가 보자. 첫 번째 책은《Marvin Redpost》시리즈다.

뉴베리 수상작《Holes》작가인 'Louis Sachar'의 8권짜리 시리즈다. 주인공은 아홉 살 소년 'Marvin Redpost'다. 작가가 초등학교 교사 경험이 있어서 그런지 아이들의 마음을 잘 이해하는 것 같다. 그 또래 아이들이 할 수 있는 순수하면서도 엉뚱한 상상과 주변 이야기가 담겨있어 남자아이들이 쉽게 공감한다. 챕터북의 맛을 처음 느끼게 해줄 것이다.

《Kidnapped at Birth?》

《Jigsaw Jones Mysteries》 시리즈

【 AR 3.0~3.3 】

작가 : James Preller

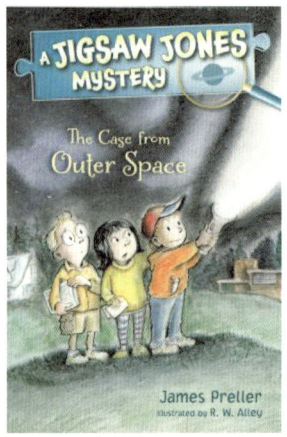

《The Case from Outer Space》

추리 소설이나 모험을 좋아하는 남자아이가 좋아할 이야기다. 30여 권의 시리즈가 있다.

주인공 'Jigsaw'는 어린이 탐정이다. 일상생활이나 학교에서 사건을 해결해주고 용돈을 번다. 대사가 깜찍하고 문장이 재치가 있다. 미국 학교생활도 자세히 나와 있어서 또래 미국 아이들의 생활과 사용하는 언어를 습득할 수 있다. 카드나 햄스터를 찾아주는 일을 하지만 생각이 꽤 논리적이다.

> 핵심
> 길잡이

《Wayside School》 시리즈

【 AR 3.3~3.5 】

작가 : Louis Sachar

작가가 실제로 근무했던 초등학교 'Hillside Elementary School' 학생들의 이름을 따서 등장인물들을 만들었다고 한다. 3종 시리즈로 TV 애니메이션으로 제작돼 방영됐고 유튜브에서 무료로 시청할 수 있다. QR코드는 파트Ⅲ을 참조하자. 책을 먼저 읽고 애니메이션을 보도록 한다.

웨이사이드 학교Wayside School는 원래 1층에 30개 교실이 있는 학교로 지을 예정이었다. 설계도를 옆으로 놓고 짓는 바람에 한 층에 한 개의 교실만 있는 30층 학교로 지어졌다. 설정 자체가 재미있고 황당한 이야기로 가득하다. 30개의 챕터, 144페이지로 이루어져 있지만 한 챕터가 4~5페이지밖에 안 된다. 두껍지만 수월하게 읽을 수 있다.

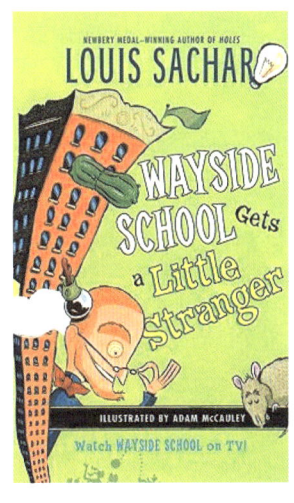

《Wayside School Gets a Little Stranger》

STEP 8

우리 아들이 좋아할 수밖에 없는 챕터북

♛

【 AR 3.5~5.0 】

AR	· 3.5~5.0은 레벨 범위가 넓다. 100~150페이지, 10개 이상 챕터로 구성된 책
목표	· 영문학에 빠져 다양한 영역의 챕터북 읽기
	· 미국 초등학교 고학년 수준의 영어 구사하기
과정	· 이틀에 한 권 읽기

    이제 진정한 챕터북 세계로 들어가 보자. 챕터북을 필수로 읽어야 하는 이유는 영문학을 즐기기 위해서다. 물론 번역본도 금방 나온다. 하지만 다양한 문화권의 수많은 작가들 책을 그들의 말로 여과 없이 느끼고 읽을 수 있다는 것은 크나큰 기쁨이다. 이제부터 영문학의 깊은 재미에 '풍덩' 빠져보자.
    아이가 부담스러워 하지 않는 책들은 하루에 한 권씩 읽어도 무

리가 없다. 하지만 책이 두꺼워지면 이틀에 한 권 정도 나눠 읽어도 좋고, 며칠에 걸쳐 읽어도 괜찮다. 다만 하루에 몇 페이지라도 꾸준히 읽어서 책을 손에서 놓지는 말자. 챕터북 과정을 단단히 하는 것이 영어자립으로 가는 길이다.

핵심
길잡이

《Magic Tree House》 시리즈

【 AR 3.0~3.8 】

작가 : Mary Pope Osborne

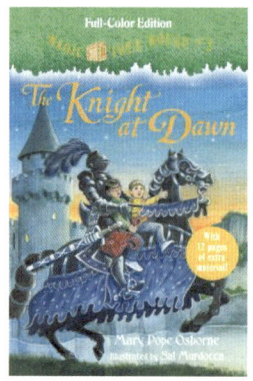

《The Knight at Dawn》

우리 아들의 첫 번째 챕터북을 《Magic Tree House》로 시작하자. 67페이지, 10개 챕터로 구성돼 있다. 아이뿐 아니라 어른도 읽어보면 좋은 필독서다.

《Magic Tree House》는 주인공 'Jack'과 'Annie'가 시공간을 초월해 역사 사건 현장으로 이동해 모험하는 이야기다. 역사 지식을 재미있게 쌓을 수 있다. 배경 및 일어나는 상황을 생생하게 묘사해 책의 장면이 애니메이션을 보는 것처럼 떠오른다. 묘사가 섬세한 책을 다독하면 영어를 이미지로 받아들이게 된다.

또한 책 속의 영어 표현이 풍부하다. 평소에 알고 있던 단어들의 다양한 쓰임을 보면서 '아, 이 단어가 이렇게 쓰이는구나' 하고 깨달으며 읽게 된다. 55권의 시리즈가 있는데 미국 초등학교 2학년 수준인 1권부터 시작해서 30권 이후부터는 AR 4~5점대 책도 있다. 순서대로 읽으면 읽기 레벨이 자연스럽게 올라간다.

> 과학
> 챕터북

《Andrew Lost》 시리즈

【 AR 3.5~3.8 】

작가 : J. C. Greenburg

총 18권으로 구성된 과학 챕터북이다. 네 살 때부터 발명을 시작한 천재 과학자 소년 'Andrew'와 사촌 'Judy', 똑똑한 로봇 'Thudd'가 미생물 크기처럼 작게 변해 모험하며 연구하는 이야기다. 환경, 인체, 생물, 지구, 바다 등 과학에 관한 포괄적인 분야를 모험 형식의 이야기로 풀어주고 있다. 재미와 지식을 동시에 얻을 수 있다.

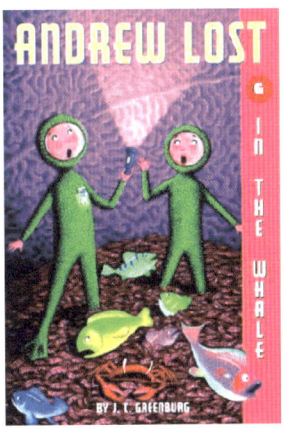

《In the Whale》

《Zack Files》 시리즈

【 AR 3.4 】

작가 : Dan Greenburg

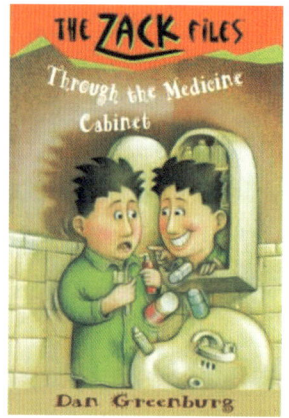

《Through the Medicine Cabinet》

뉴욕에서 아빠와 함께 살고 있는 평범한 열 살 소년 'Zack'에게는 과학적으로 설명할 수 없는 신기한 일들이 일어난다. 과학실에서 우연히 전기 쇼크를 당해 사람들 마음을 읽기도 하고 투명인간이 되기도 하며 외계인도 만난다. 호기심 많은 남자아이들이 좋아하는 소재다. 30권 시리즈다.

《Stink》 시리즈

[AR 3.2~3.6]

작가 : Megan McDonald

유명한 시리즈 《Judy Moody》의 남동생 'James Moody'가 주인공이다. 가족 중 키가 제일 작고 반에서도 키가 작은 주인공이 단점을 극복해가는 과정을 그린 첫 번째 이야기부터, 세상에서 제일 냄새나는 운동화 대회, 엄청난 숫자의 기니피그가 등장하는 이야기 등, 남자아이들이 키득거리며 보는 이야기로 구성돼 있다. 총 10권이다.

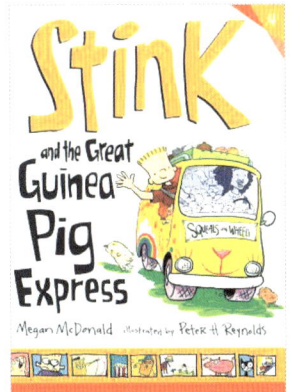

《Stink and the Great Guinea Pig Express》

핵심
길잡이

《George Brown, Class Clown》 시리즈

【 AR 3.6~3.7 】

작가 : Nancy Krulik

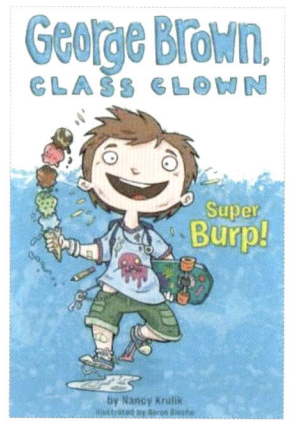

《Super Burp!》

또래 친구들과 노는 것을 좋아하고 화산과 스케이트보드, 워터파크를 좋아하는 평범한 초등학생 'George.' 하지만 단 한 가지 때문에 조용히 지낼 수가 없다. 그 이유는 바로 아무 때나 튀어나오는 트림Burp 때문이다. 마구 튀어나오는 트림 때문에 좌충우돌 아수라장이 되는 조지의 평범하지 않은 일상 이야기다.

시도 때도 없이 트림하는 우리 아이들과 닮은 면이 있어서 아이들이 소리 내어 웃기도 하며 즐겁게 본다. 중요 문구는 두꺼운 글씨로 처리돼 있다. 흑백이지만 캐릭터 표정을 한껏 살린 그림도 정감 있다. 총 14권이다.

> 핵심
> 길잡이

《A to Z Mysteries》 시리즈

【 AR 3.4~3.8 】

작가 : Ron Roy

미국 코네티컷에 사는 세 명의 똘똘한 꼬마 탐정이 미스터리한 사건을 해결한다. 제목이 《The Absent Author》, 《The Castle Crime》, 《The Yellow Yacht》와 같이 알파벳 A부터 Z까지 순서대로 시작된다. 유괴범 등 심각한 사건도 꽤 다뤄져 있고 내용이 깊이가 있다. 책 마지막 뒷장에서 다음 사건에 대한 암시를 보여주므로 아이가 순서대로 읽으며 다음 이야기를 상상할 수 있다.

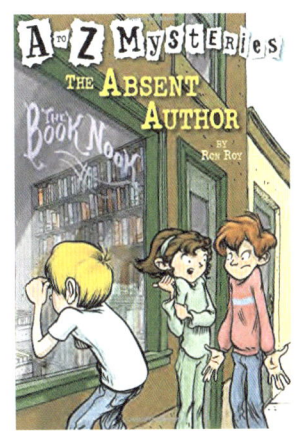

《The Absent Author》

미국 초등학교 아이들에게 가장 인기 있는 책 중에 하나라고 한다. 책을 한 장 한 장 넘길 때마다 뒷이야기가 궁금해서 한번 책을 펴면 멈추지 못한다. 챕터북을 잘 읽다가도 지루해할 때가 생기는데 그때 아이들의 흥미를 자극하고 다시 책을 손에 잡게 해주는 추리 챕터북이다.

《Garfield》 시리즈

【 AR 3.7~4.2 】

작가 : Jim Davis

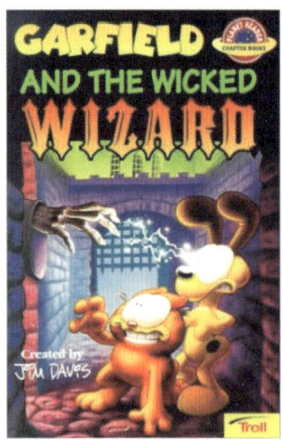

《Garfield and the Wicked Wizard》

가필드는 만화로 잘 알려져 있는 캐릭터인데 챕터북으로도 나와 있다. 가필드 이름은 작가의 할아버지 이름에서 따온 것이라고 한다. 주황색의 풍뚱한 고양이 가필드는 먹고 자는 것을 좋아하고 월요일과 거미를 싫어한다. 어쩌면 우리 아이들이 바라는 삶을 사는 것 같다. 가필드와 함께 등장하는 강아지 오디는 가필드의 주인 Jon의 애완견으로 가필드와 친구다.

초등학교 3학년 후반 수준의 책이지만, 익숙한 캐릭터 때문에 레벨보다 쉽게 느껴져 아이들이 부담 없이 읽는다. 《Garfield and the Mysterious Mummy》, 《Garfield and the Beast in the Basement》, 《Garfield and the Wicked Wizard》, 《Garfield and the Santa Spy》, 《Garfield and the Teacher Creature》 5권의 챕터북이 있다.

《The Time Warp Trio》 시리즈

[AR 3.7~4.2]

작가 : Jon Scieszka

총 14권이다. 모험, 유머, 판타지, 패러디. 남자아이들이 좋아하는 장르를 모두 포함하고 있는 대표 시리즈다. 세 명의 소년 Joe, Sam, Fred가 겪는 모험과 환상의 시간여행이다. 단순한 시간여행을 넘어 주인공들이 가는 시간대의 역사와 문화, 인물들에 대한 지식을 재미있게 습득할 수 있다.

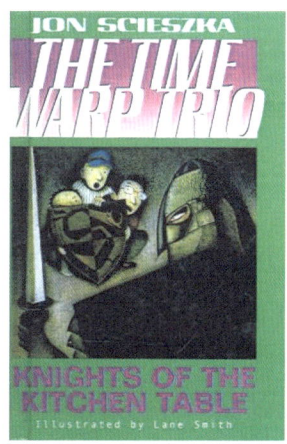

《The Knights of the Kitchen Table》

《Ricky Ricotta's Mighty Robot》 시리즈

【 AR 3.5~3.9 】

작가 : Dav Pilkey

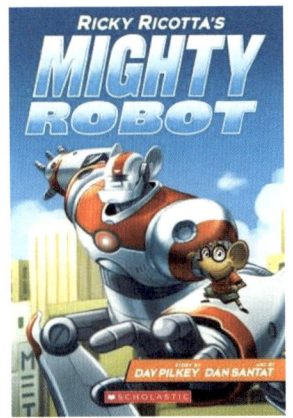

《Ricky Ricotta's Mighty Robot》

남자아이들이 사랑하는 로봇 영웅이 주인공이다. 내용이 쉬우며 글도 적어서 남자아이들이 특히 좋아하는 8권 시리즈다. 생쥐인 주인공 'Ricky'와 'Mighty Robot'이 힘을 합쳐 태양계에서 온 악당들을 물리친다. 태양계에 대한 상식도 덤으로 얻을 수 있다.

책 구성상 독특한 점이 있다. 'Flip-O-Rama'라고 쓰여 있는 페이지가 있는데 책장을 빨리 넘기면 애니메이션을 보듯이 그림이 움직이는 것처럼 보인다. 마이티 로봇과 악당이 싸우는 장면 등이 이렇게 구성돼 있어서 아이들이 아주 신나게 책을 읽을 수 있다.

보통 128~143페이지로 두께감이 있지만, 만화 같은 그림과 4~5문장으로 이루어져 있기 때문에 어렵지 않게 한 권을 끝내게 된다. 두꺼운 책에 대한 두려움을 싹 없애줄 시리즈다.

《Jake Drake》 시리즈

【 AR 3.5~4.2 】

작가 : Andrew Clements

미국 초등학교 4학년 'Jake'의 학교생활을 다룬 이야기다. 초등학교에서는 무슨 일이 일어나는지, 아이들이 무슨 생각을 하고 사는지 아이들의 머릿속을 엿볼 수 있다. 11개의 챕터, 112페이지로 구성돼 있다.

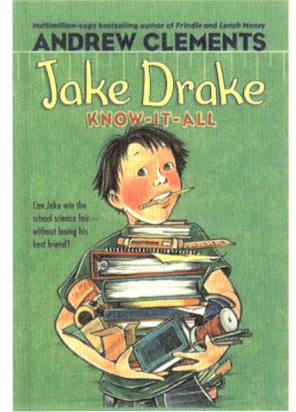

《Jake Drake, Know-It-All》

핵심 길잡이

《My Weird School》 시리즈

【 AR 3.5~4.3 】

작가 : Dan Gutman

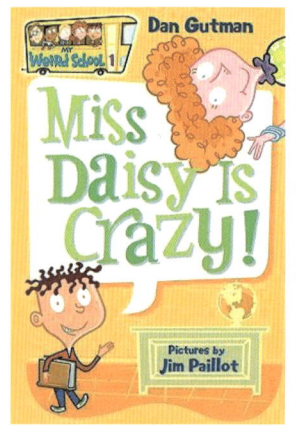

《Miss Daisy Is Crazy!》

남자아이들이 낄낄거리며 읽는 책이다. AR 레벨 범위가 미국 초등학교 4학년 수준까지 있어서 어렵게 느낄 수도 있음에도 불구하고 내용이 재미있어서 쉽게 읽는다. 첫 한 권을 재미있게 읽은 아이들은 총 21권을 3주 안에 독파하게 되는 시리즈다.

첫 장부터 학교를 싫어한다고 당당히 말하는 주인공 A. J., 스펠링도 모르고 수학도 못하는 선생님 'Miss Daisy', 아이들이 대머리라고 놀려도 뇌가 빠진 게 아니고 머리가 빠져서 다행이라며 아이들에게 머리를 만져보게 하는 털털한 교장 선생님이 있는 학교가 배경이다.

하지만 마냥 재미만 있는 내용은 아니다. 장래희망 얘기를 하다가 'Veterinarian 수의사'라는 단어가 나온다. 그것을 듣고 누가 '고기를 안 먹는 사람'이라고 얘기하자 주인공이 그건 'Vegetarian 채식

주의자'라고 얘기하며 저 단어의 뜻은 '전쟁에서 싸운 사람들'이라는 뜻이라고 아는 척을 한다. 그러자 선생님이 참전 용사라는 뜻의 단어는 'Veteran'이라고 수정해준다. 'Veterinarian', 'Vegetarian', 'Veteran' 뜻이 다르지만 비슷해 보이는 단어들을 재미있는 대화로 익히게 해준다.

핵심
길잡이

《Geronimo Stilton》 시리즈

[AR 3.2~4.5]

작가 : Geronimo Stilton

  29개국어로 번역된 베스트셀러 《Geronimo Stilton》을 읽어보자. 총 70권 시리즈로 계속 출간되고 있다. AR 2.9부터 시작해서 후반으로 갈수록 점점 난이도가 높아진다. AR 5.1도 2권 정도 있지만 대부분 AR 4.5 이하다. 《Geronimo Stilton》은 자연스럽게 미국 초등학교 저학년 읽기 수준에서 고학년 수준으로 올라가게 해주는 필독서다. 이 시기에 순서대로 읽어보자.

  'New Mouse City'에서 신문사를 운영하는 생쥐 'Geronimo Stilton'의 환상적인 모험 이야기다. 역사 속과 현실에 있는 장소, 인물들을 생쥐들의 세상으로 재구현한 점이 새롭다. 또한 주요 단어의 느낌을 살린 글씨체와 현란한 글자색은 책의 재미를 더하고 어려운 단어도 의미를 쉽게 추측하며 읽을 수 있게 도와준다. 예를 들어 'heartburn'이라는 단어는 빨간색으로 삐죽삐죽 튀어나온 듯한 모양으로 표현해서 '속쓰림'이라는 의미를 추측하게 해준다.

  처음에 아이가 흥미를 갖지 않는다면 책장을 넘기며 책을 훑어보도록 한다. 다양한 글자 크기와 모양, 여러 가지 색으로 써진 단어들을 보면 금세 책을 읽고 싶어진다.

Finally, we were seated.

"So what is it?" I asked impatiently.

But my sister was busy looking at the menu.

"Why don't we order first," she said.

"Cheddar ravioli for two!" she told the waiter.

"With **extra-spicy** tomato sauce."

"Spicy?" I groaned. "You know I get **HEARTBURN**." Did I mention my sister can be incredibly annoying at times?

Thea waved her paw. "Oh, please. You could use a little spice in your life. Besides, you'll have to get used to eating all sorts of food on **our trip**," she whispered, winking at me.

"Trip? What trip?" I asked.

"**Ssssssh!** *Sssssssh*! Do you want everybody to know?" she said, pinching my tail.

Thump! Thump! Thump! So much for being quiet as a mouse.

The streets of New Mouse City, the captial of Mouse Island, were as noisy as ever. I guess everyone was late just like me. Cheese delivery trucks were everywhere, horns blasting. Mice, rats, and rodents of every size and shape *raced by* in car, taxis, and Mouse Jordan sneakers.

"Taxi!" I shouted, jumping into a cab.

"Seventeen Swiss Cheese Center."

Minutes later, we pulled up to my editorial office. Oh, yes, I forgot to tell you that I run a newspaper. It's called The Rodent's Gazette.

I took the stairs two at a time

and burst inside. What a workout! I was **pooped**. Maybe I shouldn't have canceled my membership at Rats La Lanne after all

내지의 다양한 글자 크기, 모양, 색 등은 어려운 단어 의미를 추측할 수 있도록 도와준다.

《Lost Treasure of the Emerald Eye》

PART Ⅱ. 우리 아들 영어자립! 실천 로드맵

《Encyclopedia Brown》 시리즈

【 AR 4.1~4.4 】

작가 : Donald J. Sobol

《Encyclopedia Brown, Boy Detective》

　　미국판 셜록 홈즈라고 불리는 소년 탐정물이다. 미국 초등학교 4학년 수준의 추리소설이다. 주인공 별명이 독특하다. 'Encyclopedia 백과사전'이다. 본명은 'Leroy Brown'인데 책을 많이 읽고, 읽은 지식을 모두 기억하고 있어서 'Encyclopedia'라는 별명이 붙었다.

　　주인공의 아빠는 경찰관인데 어려운 사건이 터지면 아들에게 문제를 물어보고 해결한다. 남자아이들이 푹 빠져서 보는 책 중 하나다. 시리즈는 총 29권이다.

> 핵심
> 길잡이

《Diary of a Wimpy Kid》 시리즈

【 AR 5.2~5.4 】

작가 : Jeff Kinney

일기 형식의 소설이다. 주인공이 바로 옆에서 자기의 일상을 얘기해 주는 것 같다. 224페이지로 두꺼운 책이지만 만화 같은 삽화가 자주 나오고 문장 구조가 쉬워서 책장이 잘 넘어간다. 구어체이면서 쉬운 문장 구조는 아이의 표현력을 향상시키는 데 도움이 된다. AR 레벨이 좀 높지만 실제로 읽어보면 난이도는 훨씬 쉽다.

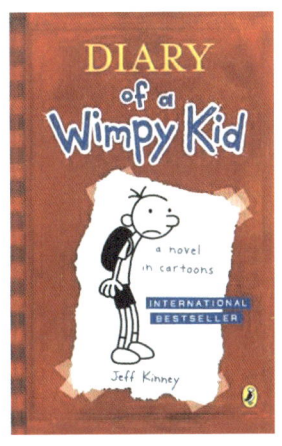

《Diary of a Wimpy Kid, Book 1》

이제 막 중학생이 되는 'Greg'와 형과 동생, 부모의 좌충우돌 일상이 펼쳐진다. 영화로도 만들어졌고 작가 Jeff Kinney는 2009년 〈타임〉이 선정한 세계에서 가장 영향력 있는 100인에 포함될 정도로 인정받는 작가다.

> 과학
> 챕터북

《Magic School Bus》 시리즈

【 AR 3.1~4.4 】

작가 : Joanna Cole

　마법 스쿨버스를 타고 '과학여행'을 하는 이야기다. 우주, 인체, 곤충, 기후 등 다루지 않는 과학 분야가 없다. 과학 용어가 많이 나와 과학 지식을 쌓는데 도움이 되지만, 용어가 조금 어렵기도 하다. AR 4점 초반의 책을 읽으면서 함께 이 시리즈를 읽는다. 애니메이션으로도 방영돼 인기가 많은 책으로 총 30권이다. 무료 동영상이 유튜브에 있으니 파트Ⅲ QR코드를 참고하자.

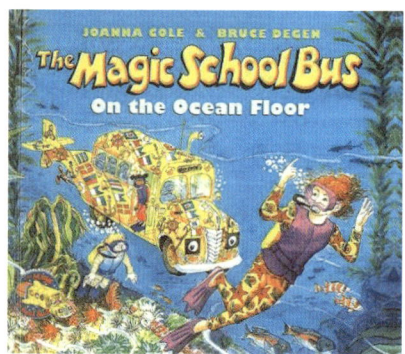

《The Magic School Bus on the Ocean Floor》

> 핵심 길잡이

《Henry》 시리즈

【 AR 4.6~5.1 】

작가 : Beverly Cleary

저명한 아동 문학가 Beverly Cleary 첫 작품으로 1950년 출간됐다. 도서관 사서로 일하던 작가는 남자아이들을 위한 책이 없다는 소년 독자들의 불평을 듣고 자신이 직접 책을 쓰기로 한다. 그래서 탄생한 책이 《Henry Huggins》다.

초등학교 4학년 소년 'Henry'는 지루한 일상을 살다가 길에서 삐쩍 마른 떠돌이 개를 발견하고 집

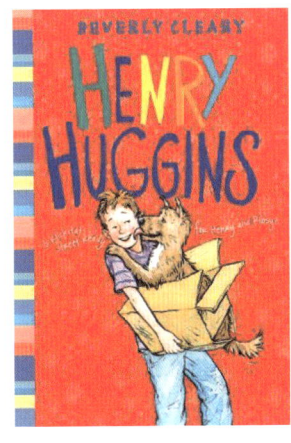

《Henry Huggins》

에 데려와 키운다. 어찌나 말랐는지 개 이름을 'Ribsy(ribs:갈비뼈)'라고 지었다. 'Ribsy'가 온 후로 'Henry'의 하루하루는 지루할 틈이 없다. 작가의 가장 유명한 캐릭터 'Ramona'도 잠깐씩 등장한다. 무엇보다 작가가 의도한 대로 남자아이들이 좋아하는 시리즈다. 총 6권이다.

핵심 길잡이 / 아마존 베스트셀러

《Percy Jackson and Olympians》 시리즈

【 AR 4.2~4.7 】

작가 : Rick Riordan

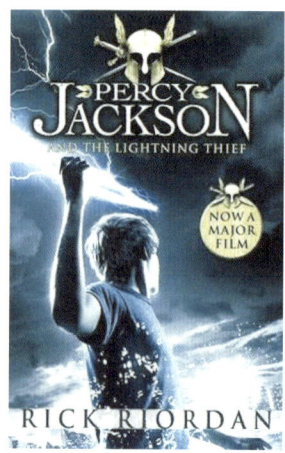

《The Lightning Thief》

인간과 바다의 신 포세이돈 사이에서 태어난 주인공 'Percy Jackson'이 적들과 싸우면서 성장해가는 판타지 소설이다. 주인공은 난독증과 전투 반사 신경 때문에 학교에서 쫓겨나, 반신반인들이 다니는 학교에 가게 된다. 책속에는 다양한 그리스 신화의 신들 이름이 등장한다.

10권의 시리즈 중에서 《The Lightning Thief》, 《The Sea of Monsters》, 《The Titan's Curse》, 《The Battle of the Labyrinth》, 《The Last Olympian》 다섯 권을 먼저 읽도록 하자.

370페이지가 넘어서 심리적으로 어렵게 느껴지지만 실제로는 미국 초등학교 4학년 후반 수준이다. 미국 초등학교 고학년 레벨의 어려운 책으로 넘어가도록 도와주는 시리즈다. 2010년 영화로도 만들어졌다.

> 위인전

《Who Was》 시리즈

【 AR 4.3~5.3 】

작가 : Joan Holub 외

이쯤에서 위인전을 읽어보자. 논픽션이므로 어휘가 쉽지는 않지만, 아이들이 충분히 읽을 수 있다. 다양한 분야에서 공헌한 위인들의 이야기를 접할 수 있고 자연스럽게 역사 지식도 배우게 된다. 코믹한 캐리커처로 그려진 책 표지가 아이들이 재미없다고 생각하는 위인전의 벽을 낮춰준다. 총 25권이다.

《Who Was Marco Polo?》
- Joan Holub

핵심
길잡이

《Roald Dahl》 작가 시리즈

【 AR 4.0~5.0 】

자, 드디어 전 세계 어린이들이 가장 좋아하는 작가이자 2000년 '세계 책의 날' 독자들이 뽑은 가장 좋아하는 작가 'Roald Dahl' 작품으로 진입하게 됐다.

《제임스와 슈퍼 복숭아》,《찰리와 초콜릿 공장》,《요술 손가락》,《멋진 여우 씨》,《멍청씨 부부이야기》,《조지, 마법의 약을 만들다》,《마틸다》…. 이 중 한 가지는 제목을 들어봤을 것이다. 모두 'Roald Dahl' 책이다. 많은 책들이 영화로도 제작됐다.

대표적인 작품《Charlie and the Chocolate Factory》는 작가가 기숙학교에 있을 때 근처 초콜릿 공장에서 학생들에게 초콜릿 맛에 관한 품평회를 열었는데 그러한 경험이 계기가 돼서 훗날 책을 썼다고 한다. 작가는 학교생활을 어렵게 했다고 한다. 즐겁지 않은 삶 속의 경험을 명작으로 승화시킨 작가가 대단하게 느껴진다. 영화도 인기가 높아서 아이들에게 익숙한 제목이다.

이외에도 모든 작품이 천재적인 아이디어로 기발하고 긴장감이 넘쳐서 아이들뿐 아니라 성인들의 마음도 단숨에 사로잡는다. 필독서로 읽어보길 강력 추천한다.

쉬운 책부터 난이도가 있는 책까지 즐기면서 섭렵하자. 미국 초등학교 5학년 읽기 수준으로 올릴 수 있다.

처음 시작하는 책은 AR 3.0 수준의 《The Magic Finger》다. 이 단계에서는 쉬운 책이지만 'Roald Dahl'의 작품 세계에 쉽게 입문하기 위해서 일부러 쉬운 책을 넣었다.

아래 책을 순서대로 읽고 읽기 레벨을 순차적으로 올려서 더욱 깊이 있는 소설로 넘어가자.

제목	AR	표지
《The Magic Finger》	3.0	
《The Enormous Crocodile》	4.0	
《Fantastic Mr. Fox》	4.1	

제목	점수
《Esio Trot》	4.1
《George's Marvelous Medicine》	4.4
《The Twits》	4.4
《Danny and the Champion of the World》	4.7
《The Witches》	4.7
《The Giraffe and the Pelley and Me》	4.7
《James and the Giant Peach》	4.8

《The BFG》	4.8	
《Charlie and the Chocolate Factory》	4.8	
《Matilda》	5.0	
《The Minpins》	5.1	

STEP 9

우리 아들, 영어자립 완성!

【 AR 5.5~8.0 】

AR · 5.5~8.0은 소설 수준의 책
목표 · 영어자립 완성
과정 · 미국 성인 수준의 깊이 있는 영문학 즐기기

　미국 성인 읽기 수준 조사 The National Adult Literacy Survey에 의하면, 미국 성인 평균 읽기 수준은 8학년(중학교 2학년)이다. 하지만 많은 사람들의 수준이 초등학교 5학년 이하다. 그렇기 때문에 안전수칙이나 투약방법은 초등학교 5학년 수준으로 작성한다. 존 그리샴 John Grisham, 댄 브라운 Dan Brown, 딘 쿤츠 Dean Koontz의 인기 대중 소설은 7학년(중학교 1학년) 수준이라고 한다(《아이책 고르는 엄마, 영어책 먹는 아이》 p.31 인용).

우리나라에서도 책만 꾸준히 읽는다면 원어민보다 수준 높은 영어를 구사할 수 있다.

이제부터 읽는 책들은 레벨이 크게 중요하지 않다. 책의 수준과 상관없이 어떤 책이든 읽을 수 있다. AR 3.0 정도의 책도 머리를 쉴 겸 쓱 훑어보는 정도로 읽어도 좋다. 쉬운 책을 다시 읽는 것은 어휘력을 다지는 계기가 된다. 한편 AR 7.0 이상 중학교 수준의 책도 얼마든지 읽을 수 있다. 그간 단련한 '영어 근육'의 힘으로 말이다. 우리 아들들은 이제 영어 소설을 읽을 수 있는 실력을 갖췄다. 진정한 영문학의 세계에 푹 빠져서 영어의 바다에서 접영을 즐겨보자.

미국 초등학교 고학년 수준에 도달한 아이들이 무슨 책을 읽어야 하는지에 대해 의외로 질문을 많이 받는다. 다음의 길잡이 책들이 도움이 되길 바란다.

> 핵심
> 길잡이

《The Chronicles of Narnia》 시리즈

【 AR 5.5~5.9 】

작가 : C. S. Lewis

《The Lion, the Witch and the Wardrobe》

옷장 문을 열고 들어가면 마법 세계가 열린다. 어릴 적 우연히 들은 얘기가 성인이 돼서도 기억 속에 맴돌았다. "위대한 사자, 옷장 문을 열고 새로운 세계로 들어가는 것, 결투를 신청하는 생쥐, 동쪽 바다로 항해를 하는 배, 빛을 마시는 것 같은 단 바닷물…. 제가 어린이들과 함께 책을 읽은 경험에 비추어 보면 대부분의 아이들은 책에 푹 빠집니다. 어른들이 숙제처럼 떠안기지만 않는다면 말입니다." C. S. Lewis 작가의 말이다.

신화와 성경, 철학적인 소재를 신기하고 세밀하게 묘사했다. 우리 아이들이 정의와 용기를 배우고 감동을 느낄 명작이다. 시리즈 중 《The Lion, the Witch and the Wardrobe》는 〈타임〉이 뽑은 100대 소설에 선정됐다. 그 외 《The Magician's Nephew》, 《The Horse and His Boy》, 《Prince Caspian》, 《The Voyage of the Dawn Treader》, 《The Silver Chair》, 《The Last Battle》이 있다.

뉴베리 수상

아마존 베스트 셀러

《A Wrinkle in Time Quintet》 시리즈

【 AR 5.5 】

작가 : Madeleine L'Engle

장르를 구분하자면 'SF 과학 판타지 소설'이라고 할 수 있다. 보통 '과학 소설' 하면 어려운 이론이 장황할 것 같은 생각이 든다. 하지만 《Time Quintet》는 깊은 사고력을 요하면서도 판타지가 가득해서 어려운 내용이지만 흥미롭게 읽을 수 있다.

수학에 뛰어난 재능을 가진 열두 살 소녀 'Meg'가 주인공이다. 다섯 살 난 동생 'Charles'와 시공간을 이동하는 특별한 능력이 있는 낯선 노인들을 만나 시간여행을 하게 된다.

《A Wrinkle in Time》

1권 《A Wrinkle in Time》은 1969년 뉴베리상 수상작이다. 《A Wind in the Door》, 《A Swiftly Tilting Planet》, 《Many Waters》, 《An Acceptable Time》을 포함해 총 5권이다. AR 지표상 4.7로 보기도 하는데 과학 소설이고 용어가 쉽지 않아 AR 5.5로 평가했다.

핵심
길잡이

《Inkheart》 시리즈

【 AR 5.4~5.6 】

작가 : Cornelia Funke

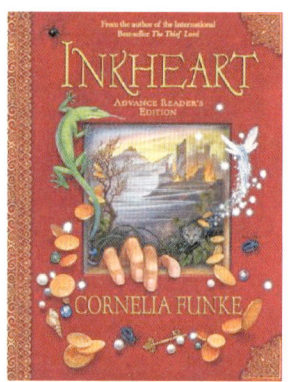

《Inkheart(Inkheart Trilogy)》

영화로도 제작된 인기 소설이다. 주인공 직업이 특이하다. 책 의사다. 낡은 고서의 책 표지를 고치거나 책벌레를 잡는 일을 한다. 주인공은 놀라운 능력이 있는데 책을 읽으면 책 속의 내용들이 현실이 된다. 책장을 바로 열어보고 싶게 하는 설정으로 판타지를 좋아하는 아이들이 빠져서 읽는다.

《Inkheart》,《Inkspell》,《Inkdeath》의 세 권 시리즈다. 책을 읽고 영화로도 보여주자. 영어 소설 읽기의 즐거움이 두 배가 된다.

《The Book Thief》

【 AR 5.5 】

작가 : Markus Zusak

2005년 출간돼 〈뉴욕타임즈〉 베스트셀러에 230주(약 4년)동안 연속으로 이름이 올라왔던 책이다. 2014년 영화로 개봉됐으며 흥행에 성공했다. 재미는 일단 검증된 책이다.

제2차 세계대전 당시 독일을 배경으로 전쟁의 비극과 공포 속에서도 책에 대한 사랑으로 삶을 버틸 수 있었던 한 소녀의 이야기다. 소설 장르에 대한 흥미와 깊이 있는 영어를 함께 즐길 수 있는 책이다.

《The Book Thief》

핵심 길잡이

《How to Train Your Dragon》 시리즈

[AR 6.5]

작가 : Cressida Cowell

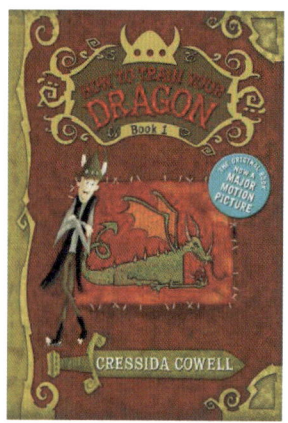

《How to Train Your Dragon》

1988년 첫 번째 책이 출간되고 꾸준한 인기로 영화로도 만들어진 성장 소설이다. 총 11권 구성이다. 용을 애완동물로 가진 바이킹 소년은 모험을 통해 성장한다. 남자 아이들이 딱 좋아할 스토리다.

AR은 미국 초등학교 6학년 수준으로 어렵지만 내용이 흥미진진하고 설정이 신기해서 아이들이 즐겁게 읽는 소설이다.

> 핵심
> 길잡이

Andrew Clements 작가 시리즈
【 AR 4.9~6.0 】

《Frindle》로 유명한 작가 'Andrew Clements'는 〈뉴욕타임즈〉 선정 베스트셀러 작가다. 아이들의 심리와 생활을 재미있게 묘사하면서도 늘 생각할 거리를 던지는 다양한 작품을 썼다. 미국 교과서에도 작품이 실려 있다. 많은 책 중에서 더 흥미로운 작품을 선별하여 AR 4.9부터 6.0까지로 시리즈를 구성해 봤다. 아래의 길잡이 책을 순서대로 읽어보며 영어 원서의 재미에 빠져보길 바란다.

《Room One a Mystery or Two》
【 AR 4.9 】

미스터리 이야기를 매우 좋아하는 초등학교 5학년 'Ted'. 주인공 'Ted'는 전교생이 5명밖에 없는 폐교 위기에 처한 학교를 구하고자 한다. 그 과정에서 미궁의 사건 속으로 빠져든다. 관련 없어 보이는 사건들의 연관성을 밝히고 사건을 해결하는 이야기다.

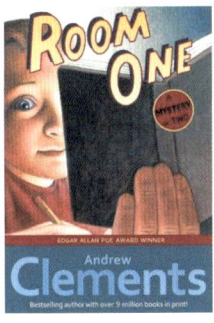

《Room One a Mystery or Two》

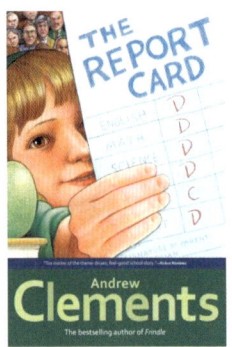

《The Report Card》

《The Report Card》

【AR 4.9】

천재임을 감추려고 노력하는 주인공에게 어쩔 수 없는 사건이 일어난다. 사건을 해결하기 위해 어쩔 수 없이 천재임이 드러나는 이야기다.

《No Talking》

【AR 5.0】

《No Talking》

간디가 무력이 아닌 평화 시위를 이끈 것을 보고 말하지 않기 게임을 하게 된 주인공. 시끄럽고 무질서하던 학교가 평화로워진다.

《Lunch Money》

【 AR 5.2 】

기발한 아이디어로 학교에서 돈을 버는 소년의 좌충우돌 성장 이야기다.

《Lunch Money》

《Frindle》

【 AR 5.4 】

작가의 대표 베스트셀러다. 책의 수준은 미국 초등학교 5학년이지만 문장이 쉽기 때문에 모르는 단어도 유추하며 읽을 수 있다. 주인공이 사전에 있는 일반적인 단어를 쓰지 않고 새로운 단어를 만들면서 시작되는 이야기다. 'Findle'은 'Pen'을 대체하는 새로운 단어다.

《Frindle》

《The Janitor's Boy》

【 AR 5.4 】

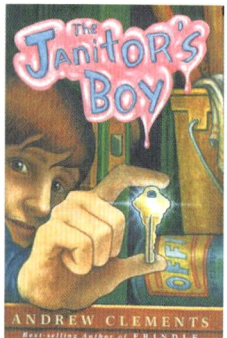

《The Janitor's Boy》

부모와 자식 간의 깊은 감정과 사랑을 생각해보게 한다. 우리나라나 미국이나 어떤 부모든 자식에게만큼은 자랑스러운 부모가 되고 싶다. 직업은 중요치 않다. 부모가 얼마나 자식을 이해하고 사랑하는지가 중요하다. 아이들도 다 안다. 작가의 책이 미국에서 권장도서로 꼽히는 이유는 아이들의 마음을 읽고 깊이 이해하기 때문인 것 같다.

《The Last Holiday Concert》

【 AR 5.4 】

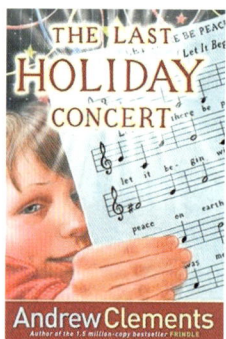

《The Last Holiday Concert》

2007년 미국 교사협회 선정 '아이들을 위한 100대 도서'로 뽑혔다. 학교 합창단을 중심으로 펼쳐지는 생생한 학교생활과 감동이 있는 이야기다.

《The Landry News》

【 AR 6.0 】

이제 AR 6.0의《The Landry News》로 시리즈를 마무리해보자. 생활에 지쳐 열정이라곤 없는 선생님과 부모의 이혼으로 상처가 있어서 친구들과 소통도 어려운 주인공 'Cara'가 신문을 통해 서로 소통하고 발전하는 이야기다. 잔잔한 감동을 느낄 수 있을뿐 아니라 신문의 탄생 과정도 배울 수 있다.

《The Landry News》

> 핵심길잡이
> 영어자립의 기준!

《Harry Potter》 시리즈

【 AR 5.5~7.5 】

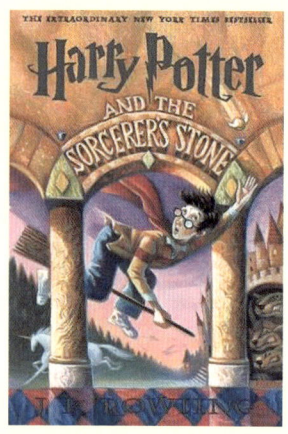

《Harry Potter and the Sorcerer's Stone》

긴 여정을 지나 드디어 그 유명한 《해피포터》 시리즈를 술술 읽는 수준이 됐다. 《해리포터》는 그냥 재미있는 소설이 아니다. 우리 아이들의 영어자립을 완성해주는 명작이다. 시리즈 1권이 미국 초등학교 5학년에서 시작해 7권은 중학교 2학년 수준에 이른다. 앞에서 말한 바와 같이 미국 성인의 평균 읽기 수준은 중학교 2학년이다.

《해리포터》 시리즈를 읽고 《해리포터》를 넘어서는 수준의 길잡이 책들도 읽어보자.

《해리포터》는 3권 《Harry Potter and the Prisoner of Azkaban》부터 미국 중학교 수준으로 보면 된다. 1권을 먼저 읽은 후 순서대로 읽어보자. 큰 아이가 《해리포터》 1, 2권을 쉽게 읽고 3권부터 갑자기 어려워하며 한 달이 넘도록 붙잡고 읽었던 기억이 난다. 레벨이 신기하게 딱 맞는 것이다. 책이 중학교 수준으로 올라가니 아이가 어려워했다. 그렇게 어려우면 읽지 말라고 했지만 아이는

'해리포터'라는 캐릭터가 좋고 뒷이야기가 궁금하다며 누가 시키지 않았지만 스스로 3권을 읽어냈다. 그러더니 4, 5, 6, 7권을 거의 한 달 안에 푹 빠져서 모두 읽었다. 마법처럼 말이다. 이것이 캐릭터, 스토리, 시리즈의 힘이다. 《해리포터》는 초등학교에서 미국 중학교 수준으로 읽기 레벨을 자연스럽게 끌어올려 주는 명작이다.

영어자립의 기준은 《해리포터》를 즐기며 읽는지 안 읽는지를 보면 된다. 몇 주가 걸려도 《해리포터》를 손에 놓지 않고 즐기면서 읽는다면 영어자립은 완성된 것이다. 즐기지 않는다면 700페이지가 넘는 책을 처음부터 끝까지 스스로 읽는다는 것은 불가능하기 때문이다.

STEP 10

해리포터를 넘어 영문학 세계로 빠지게 만드는 클래식 명작

【 AR 5.5 ~ 】

우리 아이들이 영어자립을 이루었다. 더는 과정과 목표를 설정하지 않아도 된다. 그저 아이가 원할 때 읽고 싶은 책을 보면 된다. 엄마의 가이드도 이제는 딱히 필요 없다. 아이 스스로 영어자립을 더욱 단단하게 할 것이다.

클래식 명작과 깊이 생각하며 봐야 하는 도서들을 수록한다.

고전 《Animal Farm》은 작가 'George Orwell'의 풍자 소설이다. 1917년 2월 혁명에서 1943년 테헤란 회담에 이르기까지 구소련의 역사를 동물 농장이라는 설정을 통해 재현하면서, 스탈린의 독재를 비판하고 있다. 아이들이 고민하며 읽어야 하는 소설이다.

이렇듯 아이들이 깊이 사고하며 지식과 즐거움을 함께 얻을 수 있는 명작 위주로 길잡이 책을 구성했다. 표지와 제목을 보고 읽고 싶어 하는 책을 구해주자. 모두 주옥과 같은 명작이다. AR은 5점대부터 그 이상이다.

제목	AR	작가	표지
《Holes》 ☆뉴베리 수상 ☆핵심길잡이	5.5	Louis Sachar	
《A Long Way from Chicago》 ☆뉴베리 수상 ☆핵심길잡이	5.5	Richard Peck	
《Lord of the Flies》	5.5	William Golding	
《The Thief Lord》	5.5	Cornelia Funke	
《The Tiger Rising》	5.5	Kate DiCamillo	
《A Corner of the Universe》 ☆뉴베리 수상 ☆핵심길잡이	5.5	Ann M. Martin	
《The House of the Scorpion》 ☆뉴베리 수상 ☆핵심길잡이	5.6	Nancy Farmer	

제목	레벨	저자
《The Giver》 ☆뉴베리 수상 ☆아마존 베스트셀러	5.7	Lois Lowry
《Stuart Little》 ☆핵심길잡이	6.0	E. B. White
《The Door in the Wall》 ☆뉴베리 수상 ☆핵심길잡이	6.2	Marguerite de Angeli
《Homer Price》	6.6	Robert McCloskey
《Animal Farm》 ☆핵심길잡이	7.3	George Orwell
《The Picture of Dorian Gray》	7.7	Oscar Wilde
《The Alchemist》 ☆핵심길잡이	7.7	Paulo Coelho
《The Call of the Wild》	8.0	Jack London

《The 13 1/2 Lives of Captain Bluebear》	8.0	Walter Moers
《To Kill a Mockingbird》 ☆핵심길잡이	8.6	Harper Lee
《1984》 ☆핵심길잡이	8.9	George Orwell

아들 영어자립 핵심길잡이 로드맵

분류

소설

챕터북

Magic Tree House

초기 챕터북

Calendar Mysteries

Nate the Great

리더스북

I Can Read Book
레벨 1

I'm going to Read
레벨 1

그림책

Step into Reading
레벨 1

Hello Reader
레벨 1

0   1   2   3

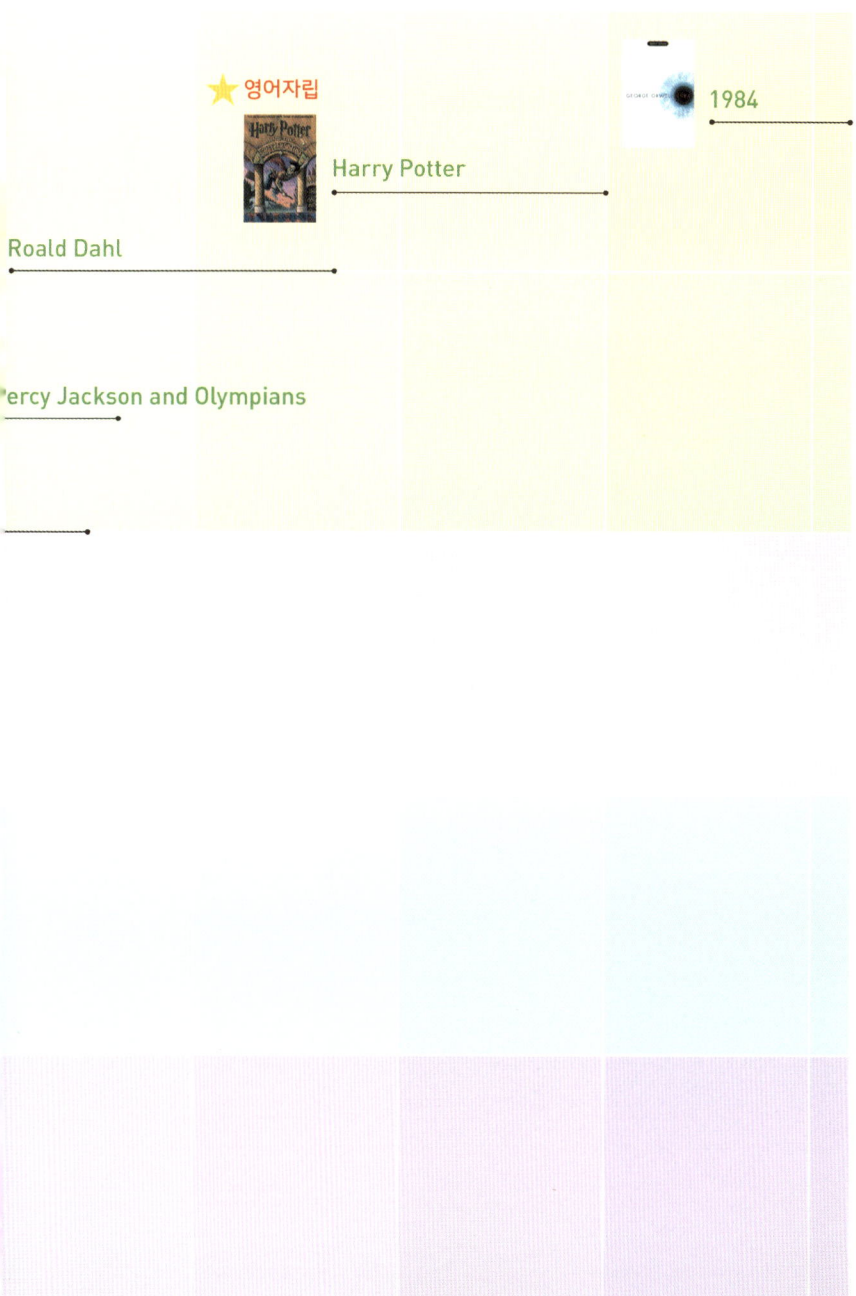

FUN!! ENGLISH

• PART Ⅲ •

아들 취향저격
동영상 즐기기
A부터 Z까지

하루 30분, 무료 영어 방송 보여주기

무료 영어 방송을 이용해보자

영어 읽기가 전혀 되지 않는 상황에서 영어 소리 노출은 말 그대로 '흘려듣기'다. 아이가 듣고 습득하기보다는 그냥 잡음으로 인식할 수 있다는 것이다. 하지만 영어책으로 어휘가 익숙해진 상황에서는 같은 '흘려듣기'를 해도 어휘력이 풍부해지고 습득력이 빨라진다. 아이 자신도 아는 단어가 들리면 스스로 성취감을 느끼며 즐거워한다.

손쉽게 할 수 있는 '영어 소리 노출'에는 케이블 TV가 있다. 케이블 TV 채널 중에서 무료 영어 채널이 여러 개 있다. 그중 디즈니 주니어(www.disney.co.kr/junior) 채널을 활용해보자. 남자아이들이 좋아할 다양한 프로그램이 있다. TV마다 차이가 있지만 설정 메뉴에서 음성을 외국어로 설정해 놓으면 항상 외국어로 방송이 나온다. 영어는 영어로 중국어는 중국어 등으로 말이다.

아이를 위한 보물창고, 유튜브

원하는 시간에 편하게 시청할 수 있는 유튜브를 이용해보자. 영어 방송 보기를 거부하는 남자아이들이 있다면 창의적인 요리 프로그램 〈Nurdy Nummies〉를 추천한다. 다채로운 색을 가진 재료를 하나하나 보여주며 천천히 설명한다. 또한 결과물이 인기 캐릭터나 신기한 모양의 케이크여서 남자아이들이 좋아한다.

〈Nurdy Nummies〉

    요리에 관심이 있는 엄마라면 아들과 프로그램을 보며 빵 등을 함께 만드는 것도 좋다. 엄마와 함께 무엇을 한다는 것 자체에 관심을 보이며 생생한 영어를 몸으로 익힐 수 있다. 유튜브에서 〈Nurdy Nummies〉로 검색하면 된다.

    동영상을 볼 때 주의할 점은 처음부터 시간을 제한해서 보여줘야 한다는 것이다. 처음에 보기 싫어하다가도 일단 좋아하면 계속 보려고 하는 경우가 많기 때문에 하루 30분 정도가 적당하다.

QR코드로 보는 무료 영어 동영상

QR코드가 뭔가요?

QR코드란 'Quick Response'의 약자로 빠른 응답을 얻을 수 있다는 의미다. 흑백 격자무늬 패턴으로 정보를 나타내는 매트릭스 형식의 2차원 바코드다. 1994년 일본 덴소웨이브가 처음 개발했다. 숫자 외에 문자뿐 아니라 소리나 사진, 영상 정보를 담을 수 있다. 스캐너에 비추면 제품 정보를 보여주거나 입력된 웹 사이트로 연동된다(terms.naver.com 인용). 한마디로 많은 정보를 담을 수 있는 바코드다.

쉬운 QR코드 사용법

QR코드를 인식하는 무료 애플리케이션을 깔아 이용할 수 있지만 컴맹인 나는 이보다 더 쉬운 방법을 선호하는데 네이버를 활용하는 방법이다.

활용 방법은 다음과 같다.

❶ 스마트폰으로 네이버(www.naver.com)에 접속한다.

❷ 화면 상단 오른쪽에 카메라 모양을 클릭한다.

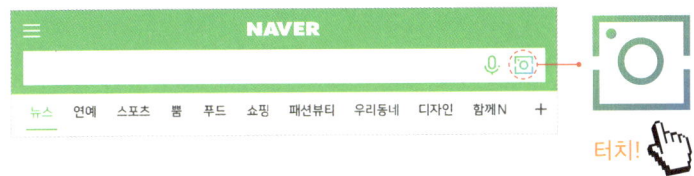

❸ 스마트폰으로 가이드라인에 맞게 QR코드를 찍는다.

아들 취향저격 무료 영어 동영상

책으로 출간된 후 동영상도 제작되어 책과 동영상을 동시에 즐길 수 있는 리스트를 소개한다. 아이가 책을 먼저 읽고 그 후에 동영상을 보는 것이 좋다. 하지만 영어책 읽기를 거부하는 아이라면 순서를 바꿔서 진행한다. 먼저 좋아할 만한 캐릭터 또는 스토리가 나오는 동영상을 보여줘 내용이 익숙해지게 한 후, 책을 읽도록 권유하는 것이다. 영어책에 대한 거부가 심했던 아이도 친근한 그림이 나오면 책을 쉽게 펼치기 때문이다. 아래 리스트는 모두 인터넷을 통해 무료로 볼 수 있는 동영상이다. 스마트폰으로 QR코드를 찍으면 동영상을 시청할 수 있다.

책도 읽고 동영상도 보자! '책+동영상' 리스트

《까이유 Caillou》 시리즈

작가 : Éric Sévigny 외

Caillou Makes Cookies
www.youtube.com/watch?v=ItRset_OVfc&list=PLHgMI8MHoDYWORdtMvZF7vKaKTDOKllhp

영어를 처음 접하기 시작할 때 적당한 시리즈다. 책을 읽어주고 애니메이션도 보여준다. 유아 및 유치원 아이들의 일상생활을 담고 있어서 아이들이 자기 이야기인 듯 즐기며 읽고 본다. 또한 선명한 색감이 호감을 준다. 교육적이고 아이들의 발달 과정에 맞게 구성한 내용이라는 점도 장점이다. 전 세계 75개국에서 책이 출간됐다. 애니메이션은 미국 공영채널 PBS와 30개국 이상의 교육채널에서 방영됐다.

《슈퍼와이 Super Why!》 시리즈

작가 : Angela Santomero 외

Super Why The Three Little Pigs
https://www.youtube.com/watch?v=8VT4CAVG5Ug&index=1&list=PL-WtXZKilaGG_DoNUn3GNtxCFnYW

남자아이들이 매우 좋아하는 애니메이션이다. TV 속 만화주인공들이 책에 등장해 다양한 이야기를 풀어간다. 영어책 읽기 싫어하는 남자아이들에게 영상을 먼저 보여주고 책을 보여주면 더욱 효과적이다. 색칠북, 픽처북, 리더스북 등 다양한 형태의 책이 있다.

슈퍼와이 동영상은 파닉스를 공부할 때 함께 보면 도움이 된다.

에피소드마다 동화책이 소개되고, 동화책 속의 등장인물들이 사는 'Storybook' 마을로 슈퍼와이 주인공들이 모험을 떠난다. 단어 하나의 변경으로 스토리 전체가 변하고 문제가 해결되기도 한다. 새로운 단어가 나오면 아이들이 따라 읽어보게 유도하고, 게임처럼 맞는 단어를 맞춰보게도 해보자. 이러한 과정을 통해 아이들이 영어 단어를 지루하지 않게 배운다.

《티모시네 유치원 Timothy Goes to School》 시리즈

작가 : Rosemary Wells

Timothy Goes to School: Friendship Compilation
https://www.youtube.com/watch?v=60nC0Nk1EMo

처음 시작하는 유치원 생활과 친구들의 이야기가 따뜻하게 그려진다. 색감이 따뜻하고 내용이 친근해서 아이들이 거부감 없이 접한다. 애니메이션은 영어를 처음 시작하는 아이들이 쉽고 재미있게 볼 수 있는 수준이다.

《토마스와 친구들 Thomas and Friends》 시리즈

작가 : Rev. W. Awdry

 The Afternoon Tea Express
https://www.youtube.com/watch?v=O3Lh4mk2ga4&list=PLI2i4Pr
Lia3gAAYjMaVbAwdt1xrOsUaXS

장난기 넘치는 기차 토마스와 기차 친구들의 이야기를 책도 보고 무료 동영상으로 만나보자. 기차를 좋아하는 남자아이들에게 영어의 재미를 더해줄 것이다.

《베렌스타인 곰가족 Berenstain Bears》 시리즈

작가 : Stan Berenstain 외

 The Berenstain Bears: Get The Gimmies/Lost in a Cave
https://www.youtube.com/watch?v=CWU3wM5xoS4

오랫동안 인기가 높은 애니메이션이다. 파트Ⅱ에 수록한 책과 함께 즐겨보자.

《Arthur Adventure》

작가 : Marc Brown

Arthur HD Compilation
https://www.youtube.com/watch?v=OM4zUZuZl90

파트Ⅱ에서 소개한 《Arthur Adventure》 시리즈를 읽고 동영상을 즐겨보자. 책의 감동과 교훈이 그대로 살아있다.

《Cars》

작가 : Scott Tilley 외

Cars mini movie
https://www.youtube.com/watch?v=uvSFjFfXMHk

남자아이들이 열광하는 자동차들이 주인공이다. 주인공 맥퀸을 중심으로 전 세계 다양한 특색을 가진 차들이 경기를 펼친다. 영상

이 화려하고 차들이 말하고 생활하는 모습 때문에 어른들도 흥미롭게 볼 수 있다. 영어 방송을 보기 싫어하는 남자아이에게 한번 보여주자. 푹 빠져서 볼 것이다. 영화를 본 후 Golden/Disney 출판사에서 출간한 책도 읽어본다. 영화 전체를 볼 수 있는 무료 동영상은 구하기가 어려우므로 DVD를 이용하는 것이 좋겠다.

《Horrid Henry》

작가 : Francesca Simon

Horrid Henry: Series 1
https://www.youtube.com/watch?v=yApQKWtSZDk

남자아이들이 키득거리며 보는 애니메이션이다. 책의 인기로 인해 만화로 만들어진 시리즈다.

《Wayside School》

작가 : Louis Sachar

파트Ⅱ에서 소개했던 《Wayside School》을 만화로 만나보자. 한 개 교실로 구성된 30층짜리 학교 빌딩을 보는 것만으로도 웃음이 나온다. 아이에게 우리말 TV 방송을 보여주는 것 대신《Wayside School》이야기를 영어 동영상으로 보여주자.

 Wayside: Pull my Pigtail
https://www.youtube.com/watch?v=FU9UJc1HVXk&list=PLe9Bgl lGFgtUFZmfx60rLJWG_nz4tPPL3&index=1

《신기한 스쿨버스 Magic School Bus》

작가 : Joanna Cole

 Magic School Bus Blows Its Top
https://www.youtube.com/watch?v=DM3yEkXheXw

유튜브 동영상 화면 크기가 작지만 시청에 무리는 없다. 케이블 TV 등에서 무료로 상영하기도 하므로 참조하기 바란다.

동화책을 보여주며 직접 읽어주는 동영상 리스트

Tracey Corderoy 작가 《No》,《Why》 읽어주기

영국 작가 'Tracey Corderoy'가 본인이 쓴 동화를 책을 넘기며 읽어준다. 작가 본인의 생각과 감정이 잘 느껴지도록 읽어주므로 한 번 보면 책을 사고 싶어진다. 영국 Little Tiger Press 출판사에서 제작, 배포하는 영상이다. 이외에도 다양한 동화를 읽어주는 영상이 연결돼 있다. 영국 발음과 동화를 경험해보자.

《No》,《Why》
https://www.youtube.com/watch?v=SvA4oHGZ6FA

Eric Carle 작가 시리즈

인기 작품인 만큼 유튜브에서 무료로 동화를 읽어주는 원어민도 많다. 《Brown Bear, Brown Bear, What do you see?》부터 《The Grouchy Ladybug》까지 우리가 잘 알고 있는 Eric Carle의 유명 작품들을 책을 넘기며 실감나게 읽어준다. 아래 QR코드를 참조하여 다양한 발음으로 운율을 느끼며 동화를 읽어보자.

《Brown Bear, Brown Bear, What Do You See?》
https://www.youtube.com/watch?v=WST-B8zQleM

《Animal Babies》
https://www.youtube.com/watch?v=8GVVSHKpY5I

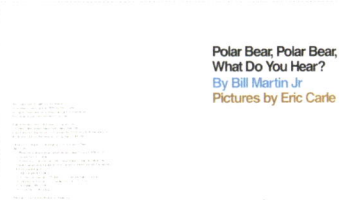 

《Polar Bear Polar Bear, What Do You Hear?》
https://www.youtube.com/watch?v=ctQjLfMKinU

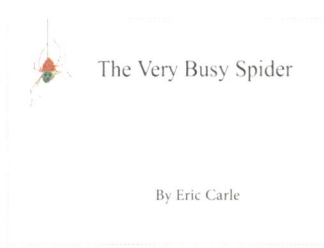 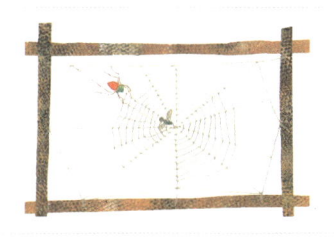

《The Very Busy Spider》
https://www.youtube.com/watch?v=TfL0g-XRxnA

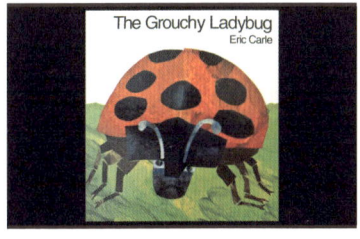 

《The Grouchy Ladybug》
https://www.youtube.com/watch?v=RFNZvJbzmms

다양한 인기 작가 시리즈

《Fly Guy》 시리즈
https://www.youtube.com/watch?v=nsei6emyifQ&list=PL3gBRxwllAz35vNP_foDlTuBXFQXBVfSR

《Froggy》 시리즈
https://www.youtube.com/watch?v=aam-clSTLpo&feature=youtu.be

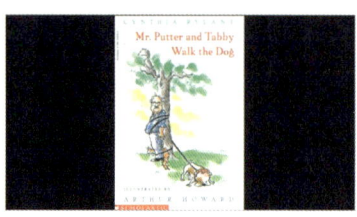

《Mr.Putter and Tabby》 시리즈
https://www.youtube.com/watch?v=NZZNb9N93gQ

소설로 읽고 영화로도 즐길 수 있는 '소설+영화' 리스트

책이 베스트셀러고 영화도 흥행해서 어느 정도 재미있다고 검증된 작품들을 모아봤다. 미국 초등학교 5학년 수준 즉, AR 5.0의 책을 읽을 수 있다면 못 읽을 소설과 책은 없다. 아래 리스트에서 보여주듯이 원어민들이 사랑한 영화의 책은 미국 초등학교 5학년 정도 수준임을 알 수 있다. 우리 아이들도 책만 꾸준히 즐긴다면 원어로 된 영화도 못 볼 것이 없다. 가능하면 책을 먼저 읽고 영화를 보는 것이 좋다. 스토리가 워낙 재미있는 소설들이므로 결과를 알게 되면 책 읽는 흥미를 잃을 수도 있기 때문이다.

제목	영화	책
〈마틸다〉	1996년 개봉	AR 5.0
〈해리포터〉	시리즈 2001~2011년 개봉	AR 5.5~7.5

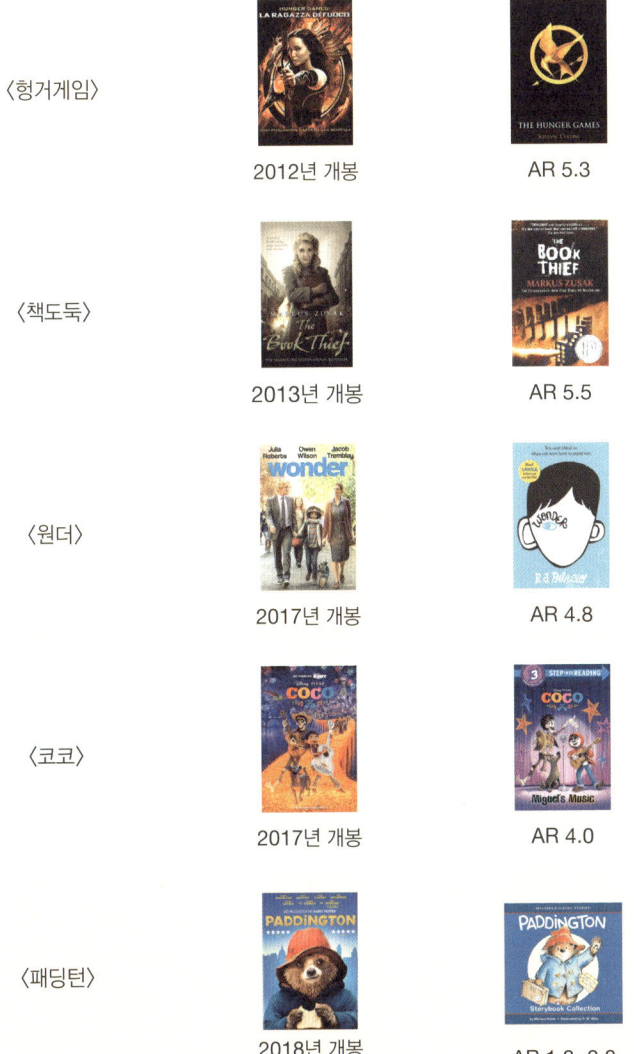

무료 글로벌 기사 사이트

AR 4.0 정도, 미국 초등학교 4학년 수준의 책을 읽는다면 영자 신문을 읽어보자. 아이들이 관심을 가질 만한 이슈를 중심으로, 어렵지 않은 어휘로 쓰인 기사 사이트를 수록한다. 모두 무료 사이트고 인쇄도 쉽게 할 수 있다. 처음에 어색할 수 있지만 일단 하면 TV나 학교에서 듣는 글로벌 뉴스를 영어로 직접 읽는 것에 흥미를 갖게 될 것이다. 주요 내용을 밑줄 그으면서 읽어보면 자기 생각을 논리적으로 정리할 수 있어서 더욱 효과적이다.

- 타임 포 키즈 www.timeforkids.com
- 스콜라스틱 뉴스 www.scholastic.com
- 도고 뉴스 www.dogonews.com
- 키즈 포스트 www.washingtonpost.com/lifestyle/kidspost

영어책 전문 온라인 서점

책을 어디서 구매하는지는 늘 궁금하다. 할인점과 중고책 판매점을 활용하여 필요한 책을 저렴한 가격에 구매할 수 있다. 하지만 구립, 시립, 학교 도서관을 주로 활용할 것을 권한다. 어떤 책을 읽을지 고민될 때 기존에 빌린 책의 주변에 있는 도서를 대여하면 도서의 수준이 비슷한 경우가 많다. 아이가 한 작가의 책을 좋아하면 도서관에서 작가 이름으로 검색해 그 작가의 책을 순차적으로 빌려 보는 것도 좋다. 또한 도서관 반납일의 부담을 가지고 읽는 것이 책 읽기 속도를 내는데 도움이 되기도 한다.

- 웬디북 www.wendybook.com
- 에버북스 www.everbooks.co.kr
- 와우abc www.wowabc.com
- 도나북 www.donabook.com
- 인북스 www.inbooks.co.kr

영어 중고책 판매점

- 알라딘 중고책 판매 부문 www.aladin.com (온·오프라인 서점)
- 개똥이네 www.littlemom.co.kr (온·오프라인 서점)
- 예스24 중고책 판매 부문 www.yes24.com
- 아마존 중고책 판매 부문 www.amazon.com

Epilogue

모든 것을 주관하시고 권능으로 이끄시는 하나님 아버지께 모든 영광을 돌립니다.

우리가 아이들에 대해 걱정할 필요가 없는 이유는 우리 아들들은 아직 '아이'이기 때문입니다. 아이들은 성장하고 변화하며, 그 미래는 창대합니다. 꿈만 꾼다면 무슨 꿈이든지 이룰 수 있죠. 꿈을 꿀 수 있게 해주는 것이 가장 중요합니다. 그것이 부모의 역할입니다. 이 세상 모든 아이들의 어떤 꿈도 지지합니다.

저는 아이마다 '그릇'이 있다는 말을 아주 싫어합니다. 마치 성적으로 규정하는 것처럼 느껴지기 때문입니다. 우리 아이들을 일괄적으로 평가할 수 없습니다. 각자 다른 모양, 다른 크기의 그릇을 만들어갑니다. 태어날 때부터 정해진 그릇 모양은 없습니다. 그렇기 때문에 아이들을 서로 비교해서는 안 됩니다. 아이마다 각자의 재능이 있습니다. 비교 자체가 불가능한 것이죠. 여러분의

자녀를 다른 아이들과 비교하지 않길 바랍니다. 아이 한 명 한 명이 우리의 소중한 미래이며 씨앗입니다. 햇빛과 물만 준다면 성장하지 않는 씨앗은 없습니다.

아이들이 영어를 공부로 받아들이지 않고 스스로 즐겨서 몸에 배길 바랍니다. 그러면 자연스럽게 꿈을 이루고자 할 때도 영어가 장벽이 아니라 오히려 우리 아이들의 무기가 됩니다.

딸아이보다는 조금은 더 책 읽기를 좋아하지 않는 아들아이들이 이 책을 통해 더욱 재미있고 행복하게 영어를 즐기길 바랍니다. 그래서 부모도, 아이도 모르는 사이 영어가 몸에 배어 영어자립을 이루고, 넓은 세상에서 꿈을 펼치기를 기대합니다.

끝으로 늘 옆에서 영감을 주고 응원해주는 나의 소중한 미래 서린이와 성원이에게 감사의 뜻을 보냅니다.

The more that you READ, the more things you will KNOW.
더 많이 읽을수록, 더 많이 알게 되고
The more that you LEARN, the more places you will GO!
더 많이 배울수록, 더 많은 곳에 갈 수 있다.

- Dr. Seuss -

자유롭게 넓은 세상을 누비는 우리 아이들을 꿈꾸며!

파닉스부터 시작해서 해리포터까지 술술
욱하지 않고 아들 영어 자립

초판 1쇄   2018년 5월 1일

지은이   정인아
펴낸이   전호림
책임편집   임경은
마케팅   박종욱 김혜원
영업   황기철

펴낸곳 매경출판㈜
등록 2003년 4월 24일(No. 2-3759)
주소 (04557) 서울시 중구 충무로 2 (필동1가) 매일경제 별관 2층 매경출판㈜
홈페이지 www.mkbook.co.kr
전화 02)2000-2633(기획편집) 02)2000-2636(마케팅) 02)2000-2606(구입 문의)
팩스 02)2000-2609 **이메일** publish@mk.co.kr
인쇄 · 제본 ㈜M-print 031)8071-0961
ISBN 979-11-5542-838-2(13590)

책값은 뒤표지에 있습니다.
파본은 구입하신 서점에서 교환해 드립니다.

이 도서의 국립중앙도서관 출판예정도서목록(CIP)은 서지정보유통지원시스템 홈페이지(http://seoji.nl.go.kr)와
국가자료공동목록시스템(http://www.nl.go.kr/kolisnet)에서 이용하실 수 있습니다.
(CIP제어번호: CIP2018011071)